이구아나

바다이구아나

인도악어

들어가는 말

우리가 사는 지구에는 다양한 파충류와 양서류가 살고 있습니다. 악어, 도마뱀, 거북이, 뱀, 개구리, 도롱뇽 등 그 수를 합하면 약 1만 6천여 종 이상이라고 합니다.

이 생물들은 지구의 오랜 역사를 거치며 다양한 환경에 적응하며 진화해 왔지요. 예를 들어, 진화하는 과정에서 몸집이 매우 커지거나 맹독을 지니게 되는가 하면, 강한 힘으로 먹잇감의 숨통을 끊어 놓는 기술을 갖추게 되었습니다.

파충류와 양서류는 사람에게는 없는 특이한 형태나 특징이 있는 매우 신비로운 생물이랍니다.

바실리스크이구아나

킹코브라

푸른바다거북

목도리도마뱀

이 책에서는 수많은 파충류와 양서류 중에서도 특별히 눈에 띄는 기술과 힘을 가진 생물들을 랭킹 형식을 빌려 소개합니다. 과연 어떤 생물이 랭킹 1위에 올랐을까요?
그 순위를 결정하기란 매우 어려운 일이지만, 저와 책을 만드시는 분들이 함께 열심히 조사해 보았습니다. 책을 보며 여러분도 꼭 함께 생각해 보길 바랍니다.

가토 히데아키

월리스날개구리

차례

랭킹 왕 후보 생물

파충류와 양서류 최강 랭킹은 누구?

능력별 8대 랭킹! 과연 **1위**는 누구일까?

크기 최강 랭킹
- 아나콘다
- 골리앗개구리
- 인도악어
- 갈라파고스땅거북
- 코모도왕도마뱀

13

무기 최강 랭킹
- 나일악어
- 이구아나
- 악어거북
- 그물무늬비단뱀
- 늑대거북

31

독 최강 랭킹
- 내륙타이판
- 아메리카독도마뱀
- 황금독화살개구리
- 뻐끔살무사
- 킹코브라

47

차례

- 들어가는 말 ······ 2

1. 크기 최강 랭킹 ······ 13
파충류란 무엇일까? ······ 24
양서류란 무엇일까? ······ 26
신기한 생물 상식 1. 세계에서 가장 작은 파충류와 양서류 ······ 28

2. 무기 최강 랭킹 ······ 31
조용하지만 강력한 강자, 뱀 ······ 42
꼬리를 버리고 도망가는 도마뱀 ······ 44
신기한 생물 상식 2. 공룡과 파충류는 어떻게 다를까? ······ 46

3. 독 최강 랭킹 ······ 47
가장 오래된 파충류, 거북 ······ 58
땅과 물에서 사는 양서류, 개구리 ······ 60
신기한 생물 상식 3. 세계에서 가장 오래된 거북 '조너선' ······ 62

4. 수영 최강 랭킹 ······ 63
무시무시한 사냥꾼, 악어 ······ 74
변신의 귀재, 카멜레온 ······ 76
신기한 생물 상식 4. 줄판비늘뱀 ······ 78

5. 잠수 최강 랭킹 …… 79

길고 긴 꼬리를 가진 이구아나 …… 90
다양한 파충류와 양서류 …… 92
신기한 생물 상식 5. 거들테일아르마딜로 …… 94

6. 스피드 최강 랭킹 …… 95

신기한 생물 상식 6. 팬더카멜레온 …… 106

7. 수면 달리기 최강 랭킹 …… 107

신기한 생물 상식 7. 팬케이크거북 …… 118

8. 비행 최강 랭킹 …… 119

신기한 생물 상식 8. 아프리카황소개구리, 일본산호뱀, 알뱀 …… 130
신기한 생물 상식 9. 사막뿔도마뱀 …… 132

● 영광의 1위 생물 …… 133
● 찾아보기 …… 134
● 랭킹왕 파일 …… 136

이 책의 구성 1

① **랭킹 종류**
각 랭킹의 종류를 나타낸다.

② **랭킹 순위**
1~5위의 랭킹 순위를 나타낸다.

③ **생물 이름, 학명, 영문명**
랭킹에 오른 생물의 이름, 학명, 영문명을 나타낸다. 영문명이 없는 생물도 있다.

④ **총점과 레이더 차트**
★ 총점은 레이더 차트의 점수를 합산하여 나타낸 수치이다.

★ 총점은 25점이 만점이다.

★ 레이더 차트는 랭킹 종류에 따라 5종류의 능력으로 나타내며 각 능력은 5단계로 나뉜다.

★ 레이더 차트 점수는 저자와 편집부의 연구 및 조사를 통하여 얻은 자료를 바탕으로 판단한 것이다. 예를 들어, 〈스피드 최강 랭킹〉은 꼭 직선거리를 달린 스피드로 랭킹을 정하지 않고, 다양한 능력을 종합적으로 판단하여 랭킹을 결정했다.

크기 최강 3위
강력한 발톱과 이빨! 세계에서 가장 큰 도마뱀
코모도왕도마뱀
Varanus komodoensis / Komodo dragon
3m가 넘는 거대한 길이!
총점 21 점

⑤ **생물 정보**
★ 생물의 분류, 주요 먹이, 서식지, 특징, 크기, 주요 분포 지역을 나타낸다.

★ 생물의 크기는 '전체 길이', '몸길이', '등딱지 길이' 등 각각 다르다. '전체 길이'는 머리끝에서 꼬리까지의 길이를 나타낸 것이며, '몸길이'는 전체 길이에서 꼬리의 길이를 뺀 것이다. '등딱지 길이'는 등딱지의 크기를 나타낸 것으로, 주로 거북 종류의 크기를 나타낸다.

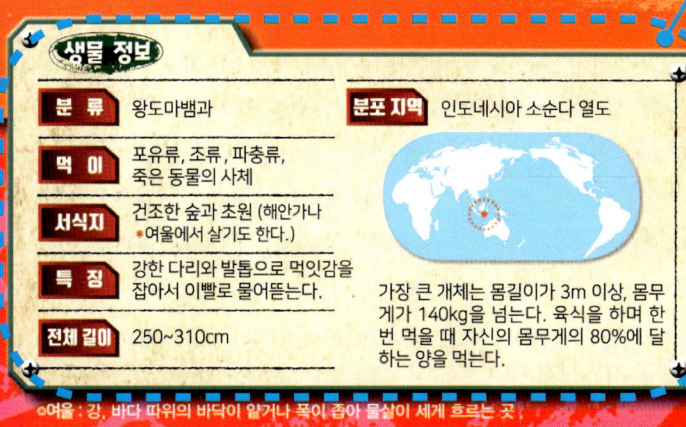

생물 정보

분류	왕도마뱀과
먹이	포유류, 조류, 파충류, 죽은 동물의 사체
서식지	건조한 숲과 초원 (해안가나 *여울에서 살기도 한다.)
특징	강한 다리와 발톱으로 먹잇감을 잡아서 이빨로 물어뜯는다.
전체 길이	250~310cm

분포 지역: 인도네시아 소순다 열도

가장 큰 개체는 몸길이가 3m 이상, 몸무게가 140kg을 넘는다. 육식을 하며 한 번 먹을 때 자신의 몸무게의 80%에 달하는 양을 먹는다.

*여울 : 강, 바다 따위의 바닥이 얕거나 폭이 좁아 물살이 세게 흐르는 곳.

최강 필살기

코모도왕도마뱀의 무기는 날카로운 발톱과 톱니 모양의 이빨이다. 먹잇감을 잡으면 그 발톱과 이빨로 내장을 단숨에 빼내 버리는 무시무시한 사냥꾼이다. 대형 물소 등도 표적으로 삼는다고 하니, 사람도 공격을 받으면 벗어나기 어렵다.

⑥ **최강 필살기**
각 생물 종이 지닌 최강 무기 및 강점을 소개한다.

코모도왕도마뱀의 침 속에는 여러 종류의 세균이 있어서 한번만 물어도 먹잇감이 *패혈증에 걸려 죽는 것으로 알려졌다. 또한 최근의 한 연구를 통해 이빨 사이의 여러 *독샘을 통해 먹잇감의 상처에 독을 흘려 넣을 수도 있다는 사실이 드러났다. 어쨌든, 어느 쪽이든 절대 물리고 싶지는 않다.

*패혈증 : 미생물에 감염되어 열이 나거나 호흡이 가빠지는 등 염증 반응이 나타나는 상태.
*독샘 : 독성이 있는 물질을 분비하는 샘.

⑦ **다양한 정보**
생물과 관련된 다양한 정보 또는 기타 특징을 사진과 함께 설명한다.

이 책의 구성 2

① **파충류와 양서류의 이름**
뱀, 개구리, 도마뱀 등 다양한 파충류와 양서류의 이름을 나타낸다.

② **생물의 특징**
파충류와 양서류의 주요 특징을 소개한다.

꼬리를 버리고 도망가는 도마뱀

도마뱀은 대부분 길고 가는 몸과 꼬리, 4개의 다리를 가지고 있으며 재빠르게 움직이는 것이 특징이다. 도마뱀의 능력은 생활하는 환경에 따라 각각 다르다. 나무 위에서 사는 종은 시력이 좋고, 지상이나 지하에서 사는 종은 냄새를 맡는 능력이 발달된 종이 많다.

특징

제3의 눈 '두정안'
대부분의 도마뱀은 빛을 감지하는 '두정안'이란 시각 기관을 지니고 있다. 이 기관으로 외부의 빛을 감지해 일광욕을 함으로써 알맞은 체온을 유지하는 것이라 추정된다.

눈
눈꺼풀이 아래에서 위로 닫힌다. 도마뱀붙이 등 생물 종에 따라서 예외도 있지만, 도마뱀 종류의 상당수가 눈꺼풀을 움직일 수 있다.

혀
뱀과 마찬가지로 혀를 내밀어 냄새를 맡을 수 있다.

귀
구멍 안쪽에 고막이 있는 종과 표면에 고막이 보이는 종이 있다.

꼬리
종에 따라서 적에게 공격을 받으면 일부러 꼬리를 끊어서 도망친다.

발가락
발가락은 앞뒤 모두 5개이다.

③ **생물의 생태**
파충류와 양서류의 생태에 관한 정보를 소개한다.

④ **재미있는 상식**
아쉽게도 최강 랭킹에 뽑히지 못한 생물들을 소개한다.

크기 최강

5위

최강 점프력! 세계에서 가장 큰 개구리
골리앗개구리
Conraua goliath / Goliath frog

최고 3m의 점프 실력!

총점 16점

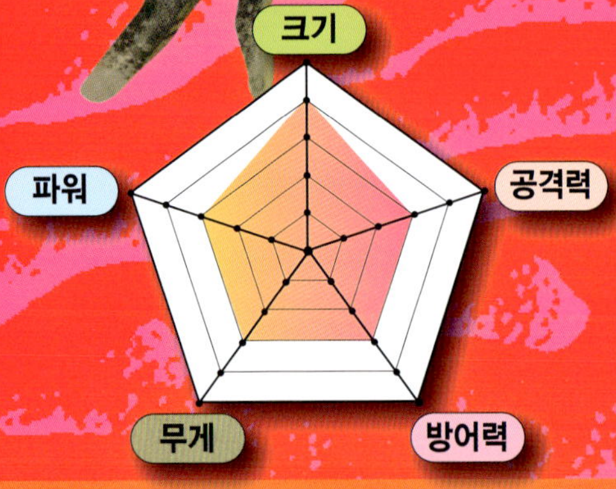

크기 · 공격력 · 방어력 · 무게 · 파워

생물 정보

분류	개구릿과
먹이	개구리, 물고기, 곤충, 갑각류 등
서식지	*열대 우림의 시냇물, 물가
특징	강력한 점프력과 최고의 식성을 자랑한다.
몸길이	17~34cm

분포 지역 카메룬 남서부~적도 기니

몸길이와 몸무게 모두 세계에서 가장 큰 개구리이다. 6월 즈음이 *번식기이며, 물가의 바위나 수초 등에 알을 낳는다.

최강 필살기

40cm가 넘는 긴 뒷다리를 이용한 놀라운 점프가 최고의 무기. 한번에 3m나 되는 높이를 펄쩍 뛰어오를 수 있다고 한다. 물갈퀴가 발달한 뒷다리는 발가락 길이만 15cm 이상이다. 골리앗개구리는 점프 실력 못지않게 수영 실력도 매우 뛰어나다.

골리앗개구리의 이름은 〈구약 성서〉에 등장하는 거인, '골리앗'에서 유래되었다. 거인 골리앗처럼 큰 개구리라 하여 붙여진 이름이다. 어른과 나란히 비교해 보면 얼마나 큰지 한눈에 알 수 있다. 큰 개체는 몸길이 34cm, 몸무게 3kg이 넘기도 한다.

*열대우림 : 일 년 내내 기온이 높고 비가 많은 적도 부근의 열대 지방의 숲.

*번식기 : 동물이 새끼를 치는 시기.

크기 최강

4위

엄청난 몸무게! 세계에서 가장 큰 육지 거북

갈라파고스땅거북

Chelonoidis nigra / Galapagos tortoise

300kg 이상의 몸무게!

총점 **20** 점

크기 / 공격력 / 방어력 / 무게 / 파워

생물 정보

- **분류**: 남생잇과
- **먹이**: 잎, 꽃, 열매 등
- **서식지**: 날씨가 따뜻한 초원이나 숲
- **특징**: 둥근 돔 모양의 큰 등딱지가 있으며 목이 길게 늘어난다.
- **등딱지 길이**: 90~135cm

분포 지역: 갈라파고스 제도

세계에서 가장 큰 육지 거북이다. 몸무게가 300kg을 넘는 개체도 있다. 우거진 숲의 그늘진 곳을 좋아하며 밤에는 정해진 장소에서 휴식을 취한다.

최강 필살기

뭐니 뭐니 해도 커다란 등딱지가 최고의 무기. 1m가 훨씬 넘는 등딱지는 무척 단단해서 어떤 공격에도 견딜 수 있는 방어력을 자랑한다. 몸무게는 200~300kg 정도로, 성인 한 명의 힘으로는 꿈쩍도 하지 않는다.

갈라파고스땅거북은 갈라파고스 제도에 사는 희귀종으로 수명이 100살 이상이다. 수분이 풍부한 선인장 등을 먹이로 먹는다. 하루 중 16시간은 잠을 자기도 하지만 거의 먹으면서 보낸다. 몸 안에 수분을 많이 저장할 수 있기 때문에 길게는 1년을 먹거나 마시지 않고도 살 수 있다.

크기 최강

3위

강력한 발톱과 이빨! 세계에서 가장 큰 도마뱀

코모도왕도마뱀

Varanus komodoensis / Komodo dragon

3m가 넘는 거대한 길이!

총점 21점

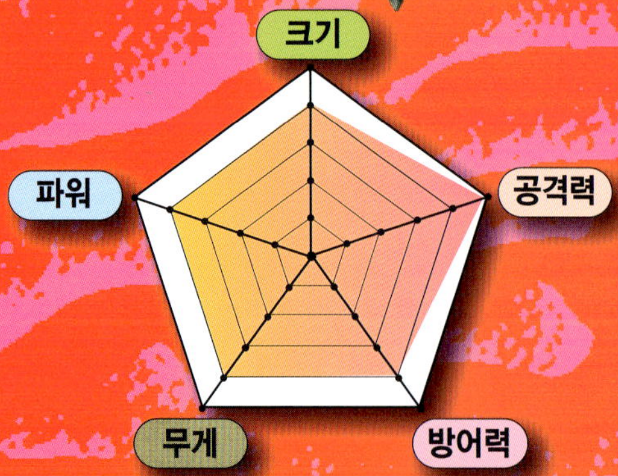

- 크기
- 공격력
- 방어력
- 무게
- 파워

분류	왕도마뱀과
먹이	포유류, 조류, 파충류, 죽은 동물의 사체
서식지	건조한 숲과 초원 (해안가나 *여울에서 살기도 한다.)
특징	강한 다리와 발톱으로 먹잇감을 잡아서 이빨로 물어뜯는다.
전체 길이	250~310cm

분포 지역 인도네시아 소순다 열도

가장 큰 개체는 몸길이가 3m 이상, 몸무게가 140kg을 넘는다. 육식을 하며 한 번 먹을 때 자신의 몸무게의 80%에 달하는 양을 먹는다.

*여울 : 강, 바다 따위의 바닥이 얕거나 폭이 좁아 물살이 세게 흐르는 곳.

최강 필살기

코모도왕도마뱀의 무기는 날카로운 발톱과 톱니 모양의 이빨이다. 먹잇감을 잡으면 그 발톱과 이빨로 내장을 단숨에 빼내 버리는 무시무시한 사냥꾼이다. 대형 물소 등도 표적으로 삼는다고 하니, 사람도 공격을 받으면 벗어나기 어렵다.

코모도왕도마뱀의 침 속에는 여러 종류의 세균이 있어서 한번만 물어도 먹잇감이 *패혈증에 걸려 죽는 것으로 알려졌다. 또한 최근의 한 연구를 통해 이빨 사이의 여러 *독샘을 통해 먹잇감의 상처에 독을 흘려 넣을 수도 있다는 사실이 드러났다. 어쨌든, 어느 쪽이든 절대 물리고 싶지는 않다.

*패혈증 : 미생물에 감염되어 열이 나거나 호흡이 가빠지는 등 염증 반응이 나타나는 상태.
*독샘 : 독성이 있는 물질을 분비하는 샘.

크기 최강

2위

사람도 잡아먹는 세계에서 가장 큰 악어

👑 인도악어

Crocodylus porosus / Saltwater crocodile

총점 **22** 점

최대 몸길이 6m,
몸무게 1t 이상!

- 크기
- 공격력
- 방어력
- 무게
- 파워

생물 정보

분류	크로커다일과	**분포 지역**	인도 동부 해안 ~ 호주 북부 연안
먹이	물고기, 거북이, 물새, 대형 포유류		
서식지	강과 바다가 만나는 강어귀 (때로는 *난바다로 나가기도 한다.)		
특징	거칠고 공격적이어서 사람을 공격하기도 한다.		
전체 길이	300~610cm		

수컷은 평균적으로 전체 길이는 5m, 몸무게는 450kg 정도이다. 전체 길이가 최대 6m, 몸무게가 최대 1t이 넘는 개체도 있는 세계에서 가장 큰 악어이다.

최강 필살기

몸무게가 1t이 넘는 거구지만, 헤엄을 잘 치는 강변의 가장 무서운 사냥꾼이다. 악어 중에서도 성격이 포악한 것으로 유명하며 최대 무기는 큰 입이라 할 수 있다. 먹잇감을 물고 빠르게 물속으로 끌고 들어간다. 물소나 멧돼지와 같은 대형 포유류조차 인도악어의 먹이가 되고 만다.

인도악어는 수영 실력이 좋고 바닷물에서도 살 수 있기 때문에 분포 지역이 넓다. 인도악어의 먹이 사냥법을 '기회성 포식'이라고 한다. 물가와 가까운 수면 밑에 도사리고 있다가 먹잇감이 오면 강력한 꼬리를 휘두르며 물속에서 튀어나와 달려든다. 그러고는 먹잇감을 빠르게 물속으로 끌고 들어가 잡아먹는다.

*난바다 : 육지에서 멀리 떨어진 바다.

크기 최강

1위

공포의 조이기! 세계에서 가장 큰 뱀
아나콘다
Eunectes murinus / Green anaconda

몸무게 200kg의 거대 뱀!

총점 **24**점

크기 / 공격력 / 방어력 / 무게 / 파워

생물 정보

분류	보아과
먹이	포유류, 조류, 개구리, 악어, 물고기 등
서식지	열대 우림의 물가(습지나 물에 잠긴 숲을 좋아한다.)
특징	긴 몸으로 먹잇감을 휘감아 조여서 죽인다.
전체 길이	500~900cm

분포 지역 태평양 연안을 제외한 남아메리카 북부

*반수생이며 세계에서 가장 큰 뱀이다. 전체 길이는 그물무늬비단뱀에 이어 세계 2위로 길다. 야행성이며 몸속에서 새끼를 어느 정도 성장시켜서 한 번에 수십 마리를 낳는다.

최강 필살기

아나콘다의 가장 큰 무기는 무엇보다도 긴 몸과 굵은 몸통이다. <크기 최강 랭킹> 1위에 어울리게 온몸을 이용해 먹잇감을 질식시킨 뒤 통째로 삼켜 버린다. 난폭한 악어조차 아나콘다에게 한번 잡히면 그것으로 끝이다. 죽음을 각오해야만 한다.

아나콘다의 몸통 굵기는 보통 30cm 정도로, 건장한 성인의 다리보다 굵다. 자신의 머리나 몸통보다 큰 먹이를 통째로 삼켜 버린다. 아나콘다의 몸통 일부가 불룩하게 부풀어 있다면, 그것은 먹이를 잡아먹었다는 증거이다. 먹잇감을 먹으면 천천히 시간을 들여 소화시킨다.

***반수생**: 육지에서도 살고, 바다에서도 사는 생물의 특징.

***야행성**: 낮에는 쉬고 밤에 활동하는 습성.

파충류란 무엇일까?

거북, 악어, 뱀, 도마뱀, 카멜레온, 이구아나, *도마뱀붙이 등을 말한다.

① 물가에서 벗어나도 살 수 있다.

파충류는 양서류와 달리 물가를 벗어나도 살 수 있다. 파충류는 땅에서 알이나 새끼를 낳으며, 태어난 새끼도 처음부터 땅에서 생활한다.
바다거북과 바다뱀처럼 처음부터 수중 생활을 하는 예외적인 개체도 있다. 물속에서 새끼를 낳는 종도 있지만 대부분 알을 낳을 때는 땅 위에서 낳는다.

② 건조에 강한 *변온 동물이다.

파충류는 양서류와 달리 피부가 두껍고 튼튼하다. 뱀과 도마뱀은 비늘이 있고 거북은 단단한 등딱지가 있어서 몸의 수분이 증발하는 걸 막는다. 이 때문에 물가에서 떨어진 곳에서도 충분히 생활할 수 있다.
또한, 파충류는 체온이 사람과 달리 외부 온도에 따라 쉽게 변하기 때문에 몸을 따뜻하게 하기 위해 일광욕을 한다. 반대로 더운 날은 체온을 내리기 위해 그늘로 들어가기도 한다. 예를 들면 도마뱀의 경우 활동하기에 최적인 체온이 32~40℃ 정도이다.

* **도마뱀붙이** : 도마뱀붙잇과의 하나. 몸길이는 11~12cm 정도이며 한국, 일본, 중국 등지에서 서식.
* **변온 동물** : 체온을 조절하는 능력이 없어서 바깥 온도에 따라 체온이 변하는 동물.
* **변태** : 동물이 성체(다 자란 동물)와는 형태, 생리, 생태가 전혀 다른 유생의 시기를 거치는 과정.

③ *변태를 하지 않는다.

파충류는 주로 껍질이 있는 알을 낳고, 그 속에서 새끼가 자라면서 알을 깨고 나온다. 그 중에는 '태생'이라 하여 알이 아닌 새끼를 낳는 종도 있다. 하지만 대부분의 파충류는 단단한 껍질에 싸인 알을 낳아서 건조에 강하고 양서류처럼 물속에 새끼를 낳을 필요가 없다. 알에서 부화한 새끼는 어미와 거의 동일한 모습을 하고 있으며, 양서류처럼 변태의 과정을 거치지 않는다.

④ 파충류의 내장과 골격

내장 사람처럼 위와 소장, 대장이 있지만 모두 길이가 짧다.

골격 갈비뼈가 배 부분 전체에 있어서 사람과 달리 몸통을 가슴과 배로 나눌 수 없다.

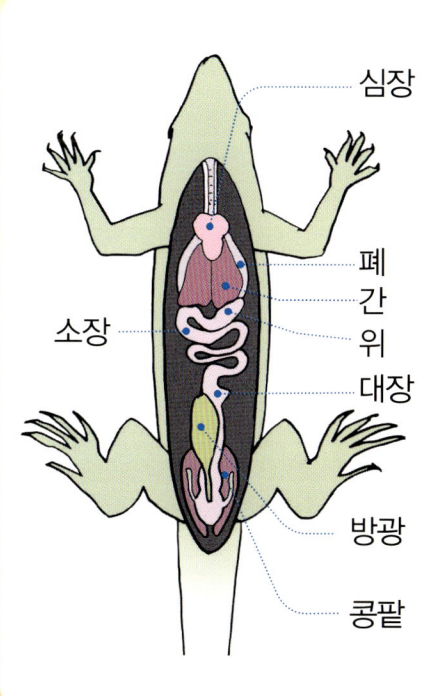

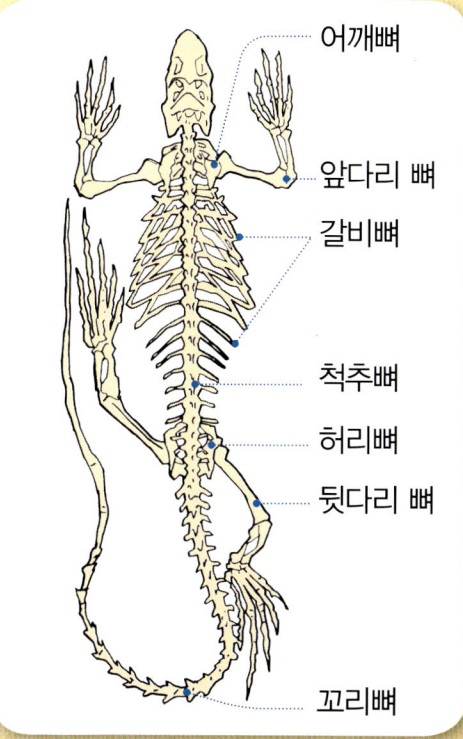

양서류란 무엇일까?

개구리, 도롱뇽, *영원 등을 말한다.

① 물과 땅, 양쪽에서 생활할 수 있다.

양서류는 파충류와 달리 새끼 때는 물속에서 생활하다가 성체가 되면 땅 위에서 생활한다. 양서류는 알이나 새끼부터 성체까지 모두 건조한 환경에 약하다. 성체도 땅 위에서 생활한다고는 하지만 물가를 떠나서는 살 수 없다.

*영원 : 도롱뇽목 영원과의 동물을 통틀어 이르는 말로 도롱뇽과 비슷한 양서류.

② 건조에 약한 변온 동물이다.

양서류의 알은 파충류의 알과 달리 딱딱한 껍질이 없다. 투명한 젤리 같은 물질에 싸여 있어 쉽게 건조해지기 때문에 물속에 알을 낳는다. 또한 성체가 되어도 피부가 얇아 물이 잘 통과하기 때문에 몸의 수분이 쉽게 몸 밖으로 빠져나간다. 그래서 물가나 비가 많이 내리는 곳에서 산다.

또한 양서류는 파충류와 마찬가지로 변온 동물이다. 야외에서 생활하는 양서류의 체온은 약 3~36℃ 사이이다. 이보다 높거나 낮으면 활동을 할 수 없으며, 너무 추울 때는 땅속에서 겨울잠을 잔다.

③ 변태를 한다.

양서류는 파충류와 달리 변태하는 생물이다. 그래서 새끼와 성체는 모습이 다르고 사는 장소도 다르다. 새끼는 수중에서 생활하기 때문에 아가미로 호흡을 하지만 성체가 되면 땅 위에서 생활하기 때문에 폐로 호흡을 한다.
하지만 새끼와 성체 모두 피부와 점막에서 물을 통과시키며 호흡할 수 있다.

④ 양서류의 내장과 골격

내장 사람처럼 위와 소장, 대장이 있지만 모두 길이가 짧다.

골격 갈비뼈가 배 부분 전체에 있어서 사람과 달리 몸통을 가슴과 배로 나눌 수 없다.

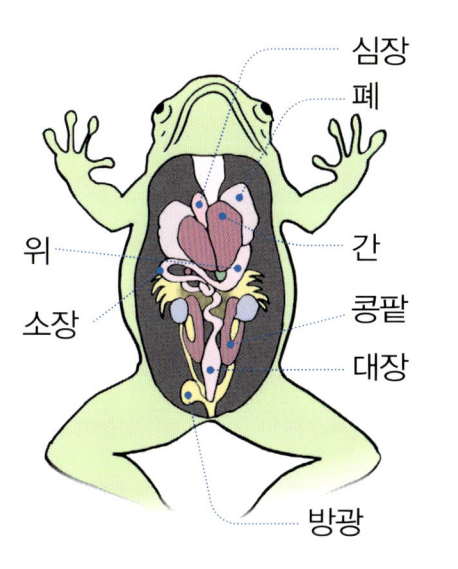

심장, 폐, 위, 간, 소장, 콩팥, 대장, 방광

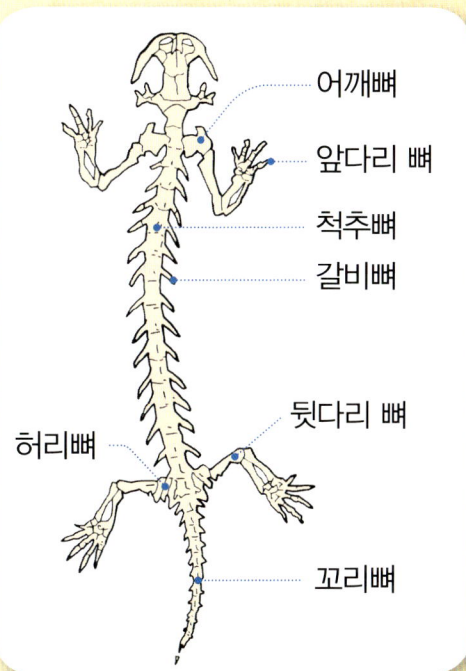

어깨뼈, 앞다리 뼈, 척추뼈, 갈비뼈, 허리뼈, 뒷다리 뼈, 꼬리뼈

안타까운 랭킹!

크기 최강! 일본장수도롱뇽 〔번외 편〕

Andrias japonicus / Japanese giant salamander

〈크기 최강 랭킹〉에 들지 못한 생물을 소개한다. 일본장수도롱뇽이 살고 있는 곳은 미국 동부에서 중부, 중국 동부 그리고 일본으로 한정되어 있다. 특히 일본에서는 특별 천연기념물로 지정되어 있다.
유럽에서 발견된 약 3천만 년 전의 화석과 비교해 보면 지금의 형태와 모습에서 차이가 거의 없다. 전체 길이는 30cm부터 최대 150cm로 산지의 계곡에서는 위엄이 있는 크기이다.

신기한 생물상식 1

세계에서 가장 작은
파충류와 양서류

> <크기 최강 랭킹>의 생물과 정반대로
> 세계에서 가장 작은 파충류와 양서류는?

세계에서 가장 작은 카멜레온
브루케시아 미크라

 Brookesia micra / Leaf chameleon

2012년에 발견된 세계에서 가장 작은 카멜레온으로 몸길이가 2.2~2.9cm 정도이다. 파충류 중에서도 가장 작은 부류에 속한다. 성냥개비 끝에 얹힐 정도로 크기가 매우 작다. 마다가스카르 북부의 외딴섬에 살며, 밤에는 높이 5~10cm 정도의 풀대 위에서 휴식한다. 그 밖에 무엇을 먹는지 등의 자세한 생태는 알려지지 않았다.

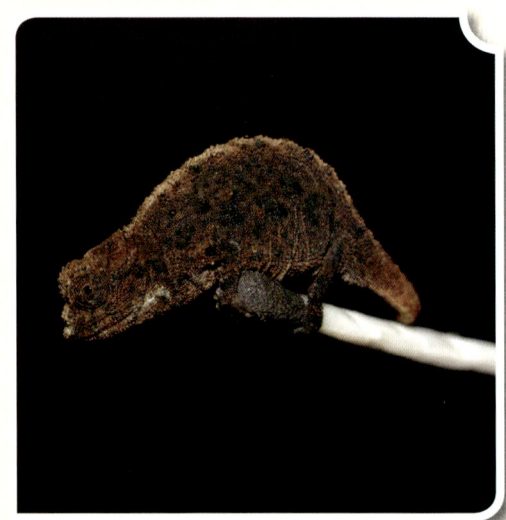

세계에서 가장 작은 악어
난쟁이카이만

 Paleosuchus palpebrosus / Cuvier's dwarf caiman

앨리게이터과 악어 중에서 가장 작은 생물 종이다. 전체 길이는 120~150cm 정도로, 남아메리카의 열대 지역에 서식하며 물고기 등을 잡아먹는다. 현재 생존하는 악어로는 드물게 눈이 들어가 있고 머리는 둥글며 원시적인 특징이 남아 있다. 비늘 안의 피부가 발달하여 방어력이 매우 뛰어난 악어이다.

세계에서 가장 작은 뱀
바베이도스 실뱀

 Leptotyphlops carlae / Barbados threadsnake

2008년에 발견되었으며 세계에서 가장 작다고 추정되는 뱀이다. 전체 길이가 10cm 정도에 불과하다. 동전과 비교하면 그 크기를 쉽게 알 수 있다. 마치 지렁이라고 착각할 만큼 작다. 카리브해의 바베이도스 섬에서 발견된 뱀으로, 땅속 생활을 하며 개미나 흰개미 등을 잡아먹는다. *산란 때 알을 1개밖에 낳지 않는 희귀한 뱀이다.

*산란 : 알을 낳음.

세계에서 가장 작은 도마뱀붙이
게코도마뱀

 Sphaerodactylus ariasae / Jaragua sphaero

몸길이가 불과 1.6cm인 도마뱀붙이 중 세계에서 가장 작다. 카리브해의 비타 섬(도미니카 공화국)에서 발견되었다. 동전 위에 올라갈 정도로 작은 파충류이다. 주로 개미나 거미를 잡아먹는다. 도마뱀붙이는 대부분 산란 때 2개의 알을 낳지만, 게코도마뱀은 몸집이 작아서인지 알을 1개밖에 낳지 않는다.

세계에서 가장 작은 개구리
페도프라인 아마우엔시스

 Paedophryne amauensis

2012년에 발견되었으며 세계에서 가장 작은 개구리이다. 몸길이가 동전보다 작아서 겨우 7.7mm 정도이다. 파푸아 뉴기니의 열대 우림에서 발견되었다. 울음소리도 곤충의 날개 소리 정도로 작다고 하니 참 놀랍다. 땅 위에 쌓인 나뭇잎 밑에서 서로 간의 거리가 불과 50cm인 좁은 공간에서 모여서 서식하는 것으로 추정된다.

무기 최강

피부를 파고드는 무수한 이빨!
이구아나

 *Iguana iguana / Green iguana*

날카로운 이빨과 발톱!

총점 15점

생물 정보

분류	이구아나과
먹이	식물, 곤충 등
서식지	물가나 숲 (주로 나무 위에 산다.)
특징	긴 꼬리와 무수히 많은 가는 이빨이 있다.
전체 길이	100~200cm

분포 지역 중앙아메리카~남아메리카 중부
(일본 이시가키 섬에 사는 종도 있다.)

주로 식물을 먹지만 새끼일 때는 곤충도 먹는다. 수컷, 암컷 모두 갈기 형태의 비늘이 머리에서부터 꼬리에 걸쳐 발달했다.

최강 필살기

이구아나는 언뜻 보면 움직임이 둔해 보이지만 사실 매우 민첩하다. 가늘고 예리한 이빨이 나 있어서 물리면 꽤 아프다. 몸의 길이에서 절반 이상을 차지하는 긴 꼬리는 채찍처럼 예리하다.

이구아나는 하루의 대부분을 나무 위에서 보내기 때문에 땅으로 내려오는 일은 매우 드물다. 짝짓기나 산란을 할 때 혹은 다른 나무로 이동할 때에만 땅으로 내려온다. 물가를 좋아하며 헤엄도 잘 친다. 위험을 느끼면 높은 가지에서 물속으로 점프한 뒤 헤엄쳐서 도망가기도 한다.

무기 최강

4위

먹잇감을 물어 휘감아 죽이기!

그물무늬비단뱀

Python reticulatus / Reticulated python

1m가 넘는 몸으로 휘감기!

- 무는 힘
- 공격력
- 방어력
- 생존력
- 스피드

총점 19점

생물 정보

분류	보아과
먹이	포유류, 조류 등
서식지	밀림, *인가 또는 경작지와 가까운 숲의 물가 등
특징	세계에서 가장 긴 뱀으로 사람을 공격했다는 보고도 있다.
전체 길이	500~1000cm

분포 지역 동남아시아

이름의 유래가 된 그물 모양의 얼룩무늬로 교묘하게 위장을 하여 숲에서는 좀처럼 발견하기가 어렵다.

최강 필살기

날카로운 엄니로 먹이를 한번 물면 놓지 않는다. <크기 최강 랭킹> 1위인 아나콘다와 마찬가지로, 긴 몸으로 먹잇감을 휘감아서 죽이는 것이 그물무늬비단뱀의 필살기다. 한번 잡힌 먹잇감이 도망치기란 거의 불가능하다. 성인 한 명도 통째로 삼킨 사건이 여러 차례 보고되었다.

그물무늬비단뱀은 물기, 몸통 조이기, 통째로 삼키기 등 특기가 많은 뱀이다. 원래는 긴 몸으로 휘감아 먹잇감을 질식시키는 것으로 알고 있었다. 하지만 최근에 먹이를 힘껏 압박하여 심장을 멎게 한다는 사실이 밝혀졌다. 이 방법은 질식시키는 것보다 훨씬 빨리 먹잇감의 숨통을 끊어 놓을 수 있다고 한다.

*인가 : 사람이 사는 집.

무기 최강

3위

목을 힘껏 늘여 먹잇감을 공격!
늑대거북

Chelydra serpentina / Common snapping turtle

사람의 손가락도 끊어 버리는 힘!

총점 20점

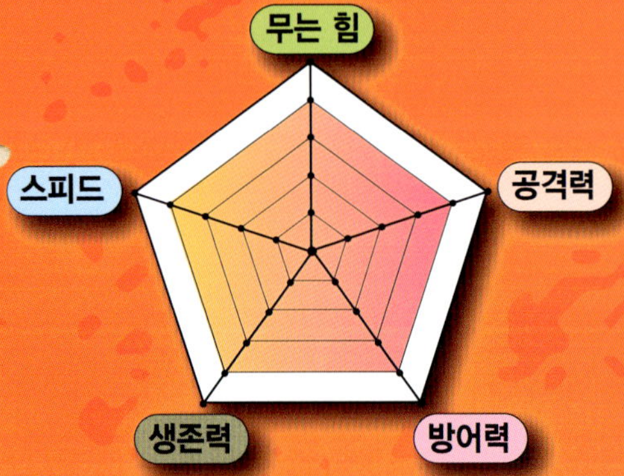

- 무는 힘
- 공격력
- 방어력
- 생존력
- 스피드

생물 정보

분류	늑대거북과
먹이	물고기, 개구리, 곤충 등
서식지	하천, 연못, 습지 등
특징	매우 활발하고 공격적이다.
등딱지 길이	35~49cm

분포 지역 캐나다 동남부, 아메리카 중부와 동부

수심 1m 정도의 얕은 여울에서 생활하며 육식에 가까운 잡식성이다.

최강 필살기

무는 힘이 매우 강하여 사람의 손가락 정도는 쉽게 잘라 버릴 정도이다. 하지만 정말로 무서운 것은 늑대거북의 민첩함이다. 거북이라고 해서 얕보다가는 무심코 방심한 순간 갑자기 달려들어 물 수 있으므로 주의해야 한다.

늑대거북의 목은 매우 유연하고 움직임이 재빠르다. 목을 힘껏 젖혀서 늘이면 등딱지 위까지 닿을 정도이므로 방심하면 위험하다. 늑대거북은 길게 늘어나는 목으로 장어와 미꾸라지를 눈 깜짝할 사이에 잡아서 통째로 삼켜 버리는 무서운 생물이다. 5~6월경 20~40개 정도의 알을 낳는데, 알은 약 55~125일 정도가 지나면 부화한다.

무기 최강

2위

단단한 껍질도 파괴하는 난폭함!

악어거북

Macrochelys temminckii / Alligator snapping turtle

사람의 팔도 자르는 무시무시한 힘!

총점 24점

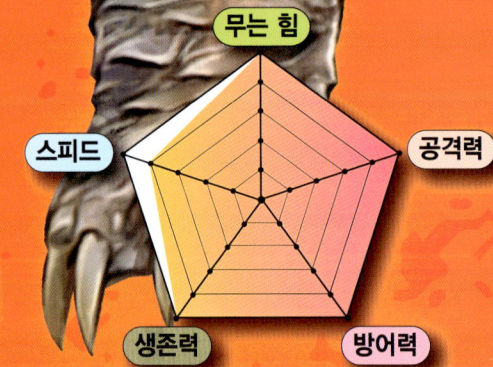

무는 힘 / 공격력 / 방어력 / 생존력 / 스피드

생물 정보

분 류	늑대거북과
먹 이	물고기, 조류, 곤충 등
서식지	비교적 수심이 깊은 강이나 호수, 연못, 습지 등
특 징	등딱지는 울퉁불퉁하고 딱딱하며 턱의 힘이 강하다.
등딱지 길이	50~80cm

분포 지역: 북아메리카 남동부의 하천

육식성으로 주로 물속에서 물고기나 거북이 등을 잡아먹는다. 아메리카의 *담수에 분포하는 거북이 중에서 가장 크다. 40~50분 정도는 물속에 있을 수 있다.

최강 필살기

악어거북은 마치 악어처럼 외모가 험악하다. 악어거북의 턱은 성인의 손가락 정도는 몇 개나 물어뜯을 수 있을 정도로 힘이 세다. 어린아이의 팔이라면 잘릴 위험이 있을 수 있으니 조심해야 한다. 또한 종류가 다른 거북의 등딱지도 쉽게 파괴한다.

악어거북의 입속에는 지렁이 같은 혀가 있다. 이 혀는 마치 먹이인 척 다른 먹잇감을 유인해서 가까이 다가오면 순간을 놓치지 않고 꿀꺽 삼킨다. 물속에서 입을 쩍 벌리고 있는 모습을 볼 수 있는데 그것은 악어거북의 교묘한 함정이다. 악어거북의 턱 힘은 300~500kg이나 된다고 한다.

*담수: 강이나 호수 같이 염분이 없는 물.

무기 최강

1위

지구상에서 무는 힘이 가장 강한 악어

나일악어

Crocodylus niloticus / Nile crocodile

공룡에 맞설 만큼
강한 턱 힘!

총점 25점

- 무는 힘
- 공격력
- 방어력
- 생존력
- 스피드

생물 정보

- **분류**: 크로커다일과
- **먹이**: 물고기나 얼룩말 같은 대형 포유류
- **서식지**: 강과 호수 또는 강 *하구 등의 강어귀 주변
- **특징**: 눈이 녹색이며 때로는 무리 지어 협력하며 사냥한다.
- **전체 길이**: 450~550cm
- **분포 지역**: 사막을 제외한 아프리카 대륙, 마다가스카르섬

성격이 사나우며 평균 몸무게가 220kg 정도 된다. 가장 큰 개체는 몸무게가 700kg 이 넘는다. 파충류에서는 보기 드물게 어미가 새끼를 돌본다.

*하구 : 강물이 바다로 흘러 들어가는 어귀.

최강 필살기

현재 지구상에 서식하는 생물 중에서 턱의 힘이 가장 강하다. 턱으로 무는 힘이 공룡 티라노사우루스에 맞설 만하다고 하니 정말 놀랍다. 먹이를 물어서 물속으로 끌고 들어가 몸을 회전시켜 찢는 대담한 기술을 지닌 동물이다.

서식지가 사람이 사는 곳과 가까워서 종종 사람을 습격하기도 한다. 나일악어는 무차별적으로 무엇이든 먹어 치우는 습성을 지니고 있어 사나운 식인 악어로도 알려져 있다. 연간 200명 정도가 나일악어에게 공격당해 목숨을 잃는다는 보고가 있을 정도이다. 다른 악어를 덮치기도 하며, 한 번 먹을 때 몸무게의 절반 정도의 양을 먹는다.

조용하지만 강력한 강자, 뱀

뱀은 진화 과정에서 다리가 모두 *퇴화했다. 그 대신 입과 몸통을 교묘하게 이용하며 이동한다. 현재 약 3천 6백여 종 이상이 전 세계에서 발견됐다. 구멍 같이 좁은 통로로 이동할 때 다리가 방해가 되므로 차츰 퇴화하면서 가늘고 긴 몸으로 진화했다고 추정한다.

특징

깜빡이지 않는 눈
뱀은 눈꺼풀이 없는 대신 눈에 투명한 비늘이 덮여 있어 항상 뜨고 있다.

몸의 비늘
등 쪽 비늘을 '체린'이라 부르고 배 쪽 비늘을 '배판'이라 부른다. 대변이나 소변, 알 등을 낳는 *'총배설강'에서부터 끝 쪽이 꼬리가 된다. 꼬리의 아래쪽 비늘은 '꼬리밑판'이라 부른다.

냄새를 맡는 혀
뱀은 눈과 귀가 모두 발달하지 않았기 때문에 혀를 내밀어 냄새를 맡아 주변의 상태를 감지한다.

낮은 소리만 듣는 귀
귀 뼈가 아래턱의 근육에 묻혀 있어 대기 중의 소리를 듣는 데는 적합하지 않다. 하지만 지면으로 전해지는 낮은 소리라면 들을 수 있다.

천천히 퇴화된 다리
도마뱀의 무리에서 진화한 뱀은 1억 4천만 년 전에 다리가 퇴화하면서 몸집이 작아지고 몸도 가늘어졌다.

뱀의 내장

뱀은 몸이 가늘고 길게 진화하면서 내장도 가늘고 길어졌다. 그리고 폐와 콩팥 등 한 쌍을 이루는 장기가 앞뒤로 나란히 있거나 한쪽이 퇴화한 경우가 많다.

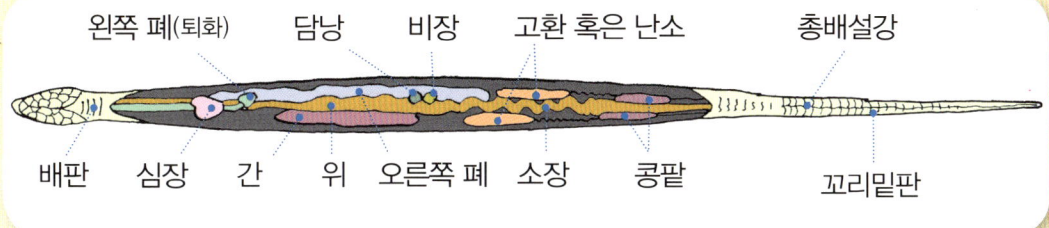

크기 최강 1위 아나콘다의 크기

아나콘다는 가장 큰 개체의 경우 전체 길이가 9m나 된다고 한다. 아나콘다의 평균 전체 길이가 5m 정도라고 하니 얼마나 큰지 충분히 짐작할 수 있다.

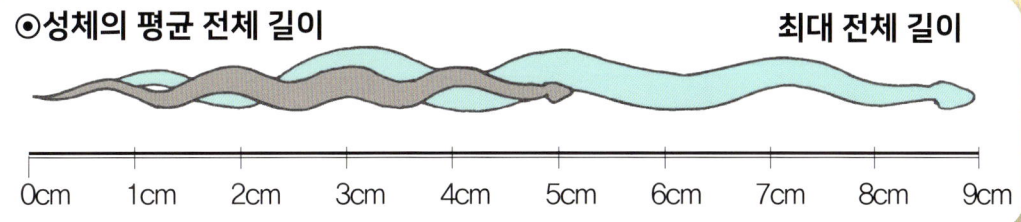

안타까운 랭킹!

무기 최강! 링크할스  번외 편

 Hemachatus haemachatus / ringhals

안타깝게도 〈무기 최강 랭킹〉에 들지 못한 생물을 소개한다. 링크할스는 아프리카 대륙의 일부 지역에 사는 코브라과의 일종으로, 적과 마주치면 입에서 독을 내뿜는 무서운 독뱀이다. 상대의 눈을 목표로 했을 때 독을 쏠 수 있는 거리가 2.5~3m 정도나 된다. 독이 눈에 들어가면 최악의 경우 실명할 위험이 있으니 반드시 주의해야 한다.

*퇴화 : 생물체의 기관이나 조직의 형태가 단순화되고 크기가 감소하는 변화.
*총배설강 : 파충류, 양서류, 조류 등에서 배설 기관과 생식 기관을 겸하고 있는 구멍.

꼬리를 버리고 도망가는 도마뱀

도마뱀은 대부분 길고 가는 몸과 꼬리, 4개의 다리를 가지고 있으며 재빠르게 움직이는 것이 특징이다. 도마뱀의 능력은 생활하는 환경에 따라 각각 다르다. 나무 위에서 사는 종은 시력이 좋고, 지상이나 지하에서 사는 종은 냄새를 맡는 능력이 발달된 종이 많다.

특징

제3의 눈 '두정안'
대부분의 도마뱀은 빛을 감지하는 '두정안'이란 시각 기관을 지니고 있다. 이 기관으로 외부의 빛을 감지해 일광욕을 함으로써 알맞은 체온을 유지하는 것이라 추정된다.

눈
눈꺼풀이 아래에서 위로 닫힌다. 도마뱀붙이 등 생물 종에 따라서 예외도 있지만, 도마뱀 종류의 상당수가 눈꺼풀을 움직일 수 있다.

귀
구멍 안쪽에 고막이 있는 종과 표면에 고막이 보이는 종이 있다.

혀
뱀과 마찬가지로 혀를 내밀어 냄새를 맡을 수 있다.

꼬리
종에 따라서 적에게 공격을 받으면 일부러 꼬리를 끊어서 도망친다.

발가락
발가락은 앞뒤 모두 5개이다.

걸음걸이

4개의 다리를 번갈아 앞으로 뻗고 몸을 흔들며 걷는다.

잘려도 다시 자라는 꼬리

도마뱀류는 대부분 적에게 공격을 받으면 꼬리를 끊어 버린다. 생물이 위기를 벗어나기 위해 몸의 일부를 스스로 끊고 도망치는 '자절'이라는 본능이다. 끊은 부위에는 얼마 지나지 않아 새로운 꼬리가 다시 자란다.

안타까운 랭킹!

무기 최강! 중국악어도마뱀 〈번외 편〉

Shinisaurus crocodilurus / chinese crocodile lizard

아쉽게도 〈무기 최강 랭킹〉에 들지 못한 생물은 중국악어도마뱀이다. 중국 남부나 베트남의 계곡에 살며, 전체 길이는 40cm 정도지만, 물가에 사는 악어처럼 보인다고 해서 '악어도마뱀'이라 부른다. 먹이는 곤충, 지렁이, 달팽이 등이며, 때로는 작은 물고기도 먹는다고 한다. 몸집에 비해 턱의 힘이 강하다는 특징이 있다.

45

신기한 생물상식 2

공룡과 파충류는 어떻게 다를까?

인도악어나 코모도왕도마뱀은 파충류지만 보자마자 '공룡이다!'라고 소리칠 만큼 크기가 크다. 공룡과 파충류는 어떻게 다를까?

파충류는 두개골 뒤에 있는 '측두창'이라고 하는 구멍 개수로 분류를 한다. 이 구멍이 없으면 '무궁류', 하나면 '단궁류', 둘이면 '이궁류'로 나뉜다. 이때 거북과 도마뱀 같은 파충류는 무궁류, 공룡은 이궁류에서 생겨났다. 이궁류에서 생겨난 조류는 현대 생물 종 중 공룡의 특징이 가장 많이 남아 있는 생물이다.

다리의 형태

● 도마뱀

몸의 바로 옆쪽에 다리가 있다. 배가 끌리는 자세로, 몸을 좌우로 틀면서 걷는다.

● 악어

걸을 때는 다리가 몸의 거의 바로 아래에 있으므로 몸을 흔들지 않으면서 빨리 걸을 수 있다.

● 공룡

악어와 마찬가지로 몸의 바로 아래에 관절이 곧게 발달되어 있고 장시간 안정적으로 걸을 수 있다.

독 최강 랭킹

지구상에서 가장 무서운 독을 가진 위험 생물!
이 생물들 중 최고의 생물은 누구일까?

독 최강

5위

전 세계적으로 흔치 않은 독도마뱀!
아메리카독도마뱀
Heloderma suspectum / Gila monster

매우 고통스럽고
강력한 신경 독!

＊살상력 : 사람을 죽이거나 상처를 입힐 수 있는 능력.

총점 14 점

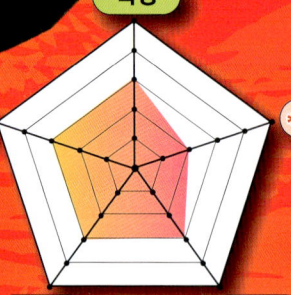

독성 / ＊살상력 / 위험도 / 공격력 / 방어력

생물 정보

분류	독도마뱀과
먹이	쥐와 같은 소형 포유류, 조류, 파충류의 알
서식지	사막이나 황무지, 건조한 초원 등
특징	*신경 독을 지니고 있어 물리면 심한 통증을 느낀다.
전체 길이	30~50cm

분포 지역 미국 남부~멕시코

독도마뱀은 전 세계적으로 개체 수가 적다. 검은색 몸에 분홍색, 오렌지색 등 화려한 얼룩무늬가 있다.

최강 필살기

아메리카독도마뱀의 독은 신경 독으로, 물리면 심한 통증을 느낀다. 하지만 지금까지 독으로 인해 사람이 사망했다는 보고는 아직 없었다. *엄니에서 독액이 바로 나오는 것이 아니라 물었을 때 아래턱에 있는 독샘에서 독액이 나와 이에 난 홈을 통해 상처로 들어간다.

독살스러운 외모와 강력한 신경 독을 지닌 아메리카독도마뱀이지만 움직임은 매우 둔하다. 200m를 걷는 데 50분이나 걸린다는 기록마저 있을 정도이다. 움직임이 느리기 때문에 다른 파충류의 알이나 갓 태어난 쥐를 주로 잡아먹는다. 크고 굵은 꼬리에 지방과 영양분을 축적할 수 있어서 몇 개월 동안 아무것도 먹지 않고도 살 수 있다.

*신경 독 : 신경계를 통해 생명을 위협할 수 있는 치명적인 독.
*엄니 : 크고 날카롭게 발달하여 있는 포유류의 이.

독 최강

4위

코끼리를 죽일 수 있는 엄청난 독성!

킹코브라
 Ophiophagus hannah / King cobra

단 한 번으로
사람 20명을
죽이는 독!

총점 19점

- 독성
- 살상력
- 위험도
- 공격력
- 방어력

 생물 정보

분류	코브라과
먹이	다른 뱀이나 도마뱀 등
서식지	열대 우림이나 고온 다습한 평원
특징	코브라과 중에서도 가장 큰 크기를 자랑한다.
전체 길이	300~550cm

분포 지역 인도 동부~동남아시아

적을 만나면 머리를 들어 올려 곧게 서서 개가 으르렁거리는 듯한 소리를 내며 위협한다. 낙엽이나 마른 나뭇가지를 이용해 산란을 위한 보금자리를 만든다.

최강 필살기

킹코브라 최대의 무기로는 신경 독을 꼽을 수 있다. 한 번 물면 7ml나 되는 독이 상처로 흘러들어 간다. 이 정도 양은 사람 20명, 코끼리 1마리를 죽일 수 있는 *치사량에 해당한다. 물리면 어떻게 손을 쓸 수가 없을 정도로 강력하다.

전체 길이가 가장 큰 개체의 경우 550cm로, 사람보다 큰 독뱀이다. 지니고 있는 신경 독은 분비량이 인간의 치사량을 거뜬히 넘지만, 매우 조심스러운 성격이어서 함부로 사람 앞에 나타나지는 않는다. 마주치더라도 자극만 하지 않으면 괜찮지만 위험을 느끼면 매우 공격적으로 변하니 주의해야 한다!

*치사량 : 생체를 죽음에 이르게 할 정도로 많은 약물의 양.

독 최강

3위

교묘하게 먹이를 유인하는 공포의 독뱀

뻐끔살무사

Bitis arietans / Puff adder

아프리카에서 가장 무서운 독뱀!

독성 / 살상력 / 위험도 / 공격력 / 방어력

총점 **21** 점

생물 정보

- **분류**: 살무삿과
- **먹이**: 개구리, 도마뱀, 소형 조류와 포유류
- **서식지**: 열대 초원
- **특징**: 공기를 들이마신 뒤 가스를 뿜는 듯한 큰 소리로 위협한다.
- **전체 길이**: 100~190cm
- **분포 지역**: 사막을 제외한 아프리카 대륙, 아라비아반도 남동부

환경에 금방 적응하며 매우 건조한 지역 이외의 아프리카 전역에 서식한다. 서식 지역이 넓어서 사람과의 접촉도 많고 그만큼 피해 사례도 빈번하다.

최강 필살기

한 번 물리면 즉각 효과가 나타나는 강한 독 공격이 무기. 뻐끔살무사는 혀를 독특하게 움직인다. 혀를 쭉 늘여 끝을 둥글게 말아 올리는 행동을 하는데 이것은 뱀에게는 드물게 먹잇감을 유인하는 것이라고 한다. 뻐끔살무사는 독뿐 아니라 뛰어난 사냥 실력을 갖고 있다.

뻐끔살무사는 새끼를 많이 낳는 것으로도 잘 알려져 있다. 아프리카 남부에서는 여름이 끝나 갈 무렵에 많은 뻐끔살무사가 산란을 한다. 60cm 정도의 암컷은 대략 11마리 정도를 낳는다. 좀 더 큰 암컷의 경우 156마리나 되는 새끼를 한 번에 낳았다는 기록이 남아 있을 정도이다.

독 최강

 **2위**

만지기만 해도 위험한 독개구리

황금독화살개구리

 *Phyllobates terribilis / Golden poison frog*

총점 23점

사람 10명을 죽이는 강한 독!

- 독성
- 살상력
- 위험도
- 공격력
- 방어력

생물 정보

분류	독개구릿과
먹이	개미 등의 작은 곤충
서식지	열대 우림
특징	독개구리 종류 중 독이 가장 강하다.
몸길이	3.7~4.7cm

분포 지역 남아메리카 대륙의 콜롬비아

평균 몸길이가 4cm 이상으로, 100종류가 넘는 독개구리 종류 중에서도 크기가 큰 종에 속한다. 현재는 개발과 지구 환경의 변화로 멸종 위기에 처해 있다.

최강 필살기

황금독화살개구리의 몸길이는 불과 5cm 정도지만 10명이나 되는 사람을 죽음으로 몰아넣을 수 있을 정도의 강력한 독을 지녔다. 남아메리카 아마존 주변의 원주민인 인디오들이 황금독화살개구리의 독을 독침이나 화살에 묻혀 사냥에 사용했기 때문에 그것이 이름의 유래가 되었다.

몸의 색은 노란색, 오렌지색, 초록색 등 사는 장소마다 다양하다. 이 색은 경고의 의미가 담긴 색으로 독이 있다는 사실을 상대에게 알린다.
야생에 사는 개체는 먹이인 곤충을 통하여 식물의 독을 섭취한다. 하지만 인공적으로 사육된 개체는 먹이가 달라 독이 없다.

독 최강

1위

사람 100명을 죽이는 최강 독성!
내륙타이판

Oxyuranus microlepidotus / Inland taipan

쥐 25만 마리, 사람 100명을 독살!

총점 **24** 점

- 독성
- 살상력
- 위험도
- 공격력
- 방어력

생물 정보

분류	코브라과
먹이	쥐 등의 소형 포유류
서식지	낮은 지대의 건조한 평야
특징	독성이 매우 강하다.
전체 길이	200~350cm

분포 지역 호주

* 타이판 종류 중에서도 머리와 목 부분이 검은색을 띈다. 겁이 많은 성격이지만 위험을 느끼면 자신을 지키기 위해 상대에게 달려든다.

최강 필살기

육지에 사는 뱀 중에서 가장 강한 독을 지니고 있다. 단 한 번에 25만 마리 이상의 쥐를 죽일 수 있는 양의 독을 주입한다. 게다가 그 독은 신경계를 통해 빠르게 퍼지는 신경 독이다. 내륙타이판의 독성은 최고로 무시무시하며 강력하다.

내륙타이판은 강한 독으로 두려움의 대상이기도 하지만 물려서 사망한 사례는 아직 보고되지 않았다. 겁이 많은 성격으로 좀처럼 사람 앞에 나타나지 않기 때문이다. 하지만, 매우 긴 독니를 지니고 있으며, 그 독은 온몸을 마비시켜 호흡 곤란을 일으킨다.

* **타이판** : 코브라과 타이판속에 속한 독사들을 이르며 킹코브라의 50배에 달하는 강한 독이 있음.

가장 오래된 파충류, 거북

육지 거북처럼 땅 위에서 사는 종이나 바다거북처럼 바다에서 사는 종, 남생이나 민물 거북처럼 담수 물가 주변에 사는 종 등이 있다. 몸을 보호하는 단단하고 튼튼한 등딱지가 특징이다. 위험을 느끼면 목과 다리, 꼬리를 등딱지 안으로 숨기고 몸을 보호한다. 하지만 악어거북이나 바다거북은 등딱지에 숨지 못한다.

특징

코
얼굴 앞쪽에 있다.

눈
물속에서 눈은 *순막으로 덮여 있다.

등딱지

꼬리

배딱지

입
이빨은 없지만 부리와 턱의 힘이 강하다.

귀
눈 뒤에 있으며 고막은 피부로 덮여 있다.

목
길게 늘이거나 구부려 등딱지에 숨을 수도 있다.

다리
다리의 모양은 종에 따라 차이가 있으며 사는 장소나 생활 방식에 따라 모양이 각각 다르다.

***순막** : 눈의 각막을 보호하는 얇고 투명한 막.
***이음매** : 두 물체를 이은 자리.

거북은 폐로 호흡을 한다?

넓은 바다를 우아하게 헤엄치는 바다거북은 물속에서 어떻게 호흡을 하는 걸까? 사실 거북은 폐로 호흡을 하는 생물이다. 그래서 이따금 수면 위로 나와 코를 내놓고 숨을 쉰다.
그 밖에 피부나 목 안쪽, 총배설강에 있는 부방광에서 물속의 산소를 흡수할 수 있는 종도 있다.

거북의 다양한 발 모양

거북의 발 모양은 생활 환경이나 생활 방식에 따라 다르다.

 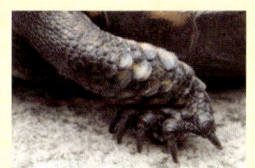  

땅 위에서 생활하는 거북
알다브라코끼리거북의 다리인데 굵고 튼튼하다.

물속과 육지에서 생활하는 거북
남생이의 발에는 물갈퀴와 발톱이 있다.

대부분을 물속에서 생활하는 거북
자라의 발은 물갈퀴가 발달하여 지느러미처럼 되어 있다.

바다에서 생활하는 거북
바다거북의 발은 큰 지느러미여서 힘차게 헤엄칠 수 있다.

거북의 등딱지

거북은 등 쪽의 '등딱지'와 배 쪽의 '배딱지' 같은 단단한 껍질로 몸을 보호한다. 각각의 딱지는 '안쪽'과 '바깥쪽'으로 두 겹이며 *이음매가 어긋나면서 겹쳐 있기 때문에 매우 튼튼하다. 새끼일 때는 등딱지가 유연하지만 성장하면서 점점 단단해진다.

	안쪽	바깥쪽	겹친 모습
등딱지	골판(골격 형성)	갑판(피부 조직 보호)	
배딱지			

땅과 물에서 사는 양서류, 개구리

양서류는 전 세계에 6천 7백여 종 이상이 발견됐다. 성체일 때와 새끼일 때의 모습이 많이 다른 것이 특징이다. 새끼는 물속에서 생활하다가 성체가 되면 육지와 물속 양쪽에서 생활한다. 앞다리보다 긴 뒷다리로 점프를 하거나 헤엄을 친다.

특징

눈
눈이 튀어나왔으며 눈꺼풀이 위아래로 있다.

고막
귓불이나 *외이가 없이 고막이 밖으로 드러나 있다.

피부
파충류와 달리 비늘이 없고 피부가 얇으며 축축하다.

성체는 꼬리가 없다.

앞다리
보통 앞다리의 발가락이 4개인 종이 많으며 나무에 오르는 습성이 있는 종은 발가락 끝에 빨판이 있다.

뒷다리
뒷다리의 발가락은 5개이며 뒷다리의 길이는 앞다리보다 길다.

개구리의 변태

개구리는 물속에서 알을 낳는다. 부화한 새끼를 '올챙이'라고 부르는데 성체 개구리와는 다른 모습이다. 성장하면서 뒷다리와 앞다리가 나오고 꼬리는 점점 짧아진다.

뛰어난 점프력!

개구리 종의 대부분이 긴 뒷다리를 이용해 힘차게 점프할 수 있다. 〈크기 최강 랭킹〉 5위로 세계에서 가장 큰 개구리인 '골리앗개구리'는 점프를 3m나 할 수 있다.

안타까운 랭킹!

수영 최강! 개울 타고산개구리 〖번외 편〗

 Rana sakuraii / Stream brown frog

일본의 *관동 지방과 *산인 지방 산지의 계곡에 사는 개구리이다. 흐름이 빠른 개울에 살며, 헤엄을 아주 잘 치는 것으로 알려져 있다. 수영의 비밀은 다른 타고산개구리에 비해 월등히 발달한 물갈퀴에 있다. 2~4월경이 되면 계곡의 바위 밑에 알을 낳는다.

---

* 외이 : 귀의 바깥쪽 부분.
* 관동 지방 : 일본 중부에 있는 지방.
* 산인 지방 : 일본 주고쿠 지방에서 동해에 접한 지역.

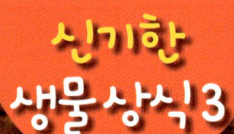

세계에서 가장 오래된 거북 '조너선'

> 파충류와 양서류 중에서도 거북은 장수하기로 유명하다. 지구상에서 가장 오래된 육지 거북 '조너선'은 추정 나이만 무려 187세이다.

'학은 천년, 거북은 만년'이란 말이 있듯 거북은 실제로 장수하는 파충류이다. 세계에서 가장 오래 산 육지 거북, 알다브라코끼리거북 '조너선'은 2019년에 추정 나이 187세가 됐다.

남대서양에 있는 영국령 세인트헬레나섬에 사는 '조너선'은 1882년부터 사람이 만든 사육 환경에서 생활했다. 그런데 2014년 전후로 급격히 건강이 쇠약해졌다. 하지만 영양가 높은 먹이를 계속 주자 1년 후에는 보기 좋게 회복하여 지금도 건강하게 생활하고 있다.

수영 최강 랭킹

바다, 강, 호수, 늪 등 물속에서
가장 헤엄을 잘 치는 생물은 누구일까?

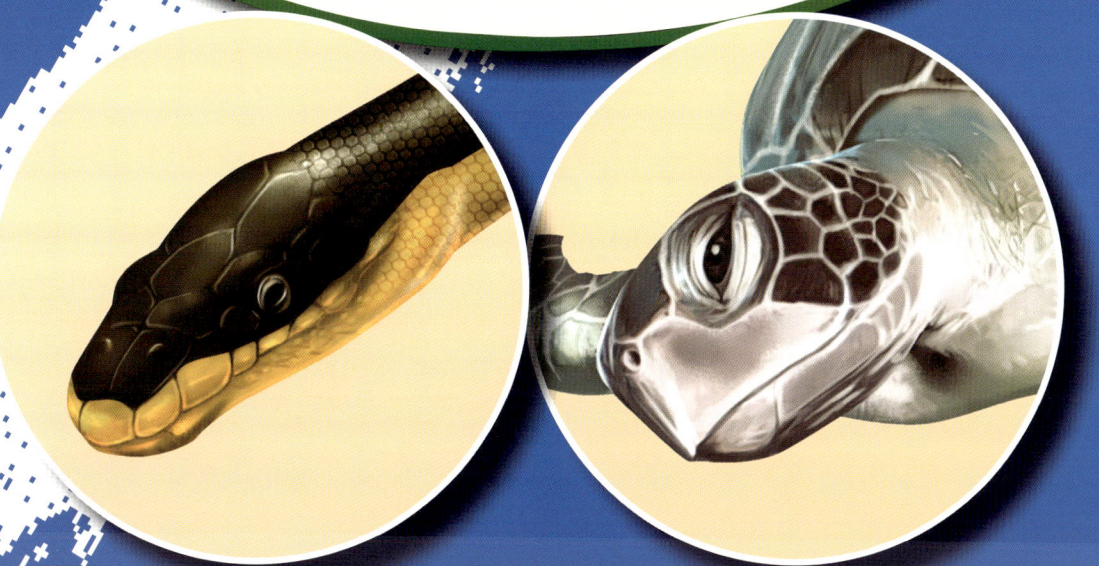

수영 최강  5위

발달한 물갈퀴로 교묘하게 헤엄치는 거북
돼지코강거북
Carettochelys insculpta / Pig nosed river turtle

담수 거북 중 유일하게 있는 물갈퀴!

총점 **17** 점

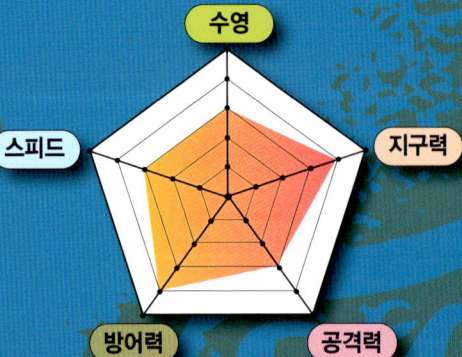

생물 정보

분류	자라과
먹이	과일이나 *수생 식물, 물고기, 고둥
서식지	물이 흐르는 속도가 느린 하천, 호수, 습지
특징	지느러미 형태의 앞발과 물갈퀴가 발달한 뒷발이 있다.
등딱지 길이	40~75cm

분포 지역: 뉴기니 남부, 호주 북부

코가 마치 돼지처럼 생겼다고 하여 '돼지코강거북'이라고 부른다. 담수에서부터 하구 등 강어귀에서 산다.

최강 필살기

바다거북과 같은 지느러미 형태의 앞발(첫 번째, 두 번째 발가락에는 발톱이 있다.)이나 물갈퀴가 발달한 뒷발 등 물속에서 살기 좋은 몸을 가진 것이 돼지코강거북의 뛰어난 점이다. 담수에 사는 거북 중에서는 수영에 가장 적합한 몸으로 진화하고 있다.

돼지코강거북은 지느러미 형태의 앞발과 물갈퀴가 발달한 뒷발로 헤엄치는데, 의외로 움직임이 빠르지는 않다. 먹이를 먹는 속도도 느려 다른 물고기나 거북에게 먹이를 빼앗기는 경우도 있다. 잡식성으로, 물속에 떨어진 무화과나 버섯 등의 열매를 먹기도 한다.

*수생 식물 : 강, 연못, 호수 주변의 물이 많은 곳에 사는 식물.

수영 최강

4위

피부의 주름이 산소를 흡수!
티티카카개구리

Telmatobius culeus / Titicaca water frog

3800m의 고산 지대에 사는 개구리!

총점 **19** 점

수영 / 지구력 / 공격력 / 방어력 / 스피드

생물 정보

분류	물개구릿과
먹이	곤충, 새우나 게 종류
서식지	고지대 호수
특징	피부로 호흡을 하며 대부분 물속에서 생활한다.
몸길이	10~15cm

분포 지역 페루와 볼리비아의 국경에 있는 티티카카호 주변

늘어지고 쭈글쭈글한 피부가 특징인 우스꽝스러운 개구리이다. 뒷발은 물갈퀴가 발달했으며 수영 실력도 뛰어나다. 호수 바닥의 새우나 곤충을 먹으며 산다.

최강 필살기

티티카카개구리의 가장 큰 강점은 늘어진 피부라 할 수 있다. 이 주름진 피부로 물속의 산소를 흡수한다. 그래서 숨을 쉬기 위해 물 위로 나올 필요가 거의 없어 오랜 시간 물속에서 활동할 수 있다.

남아메리카 대륙에서 3800m의 높은 지대에 산다. 페루와 볼리비아에 걸쳐 있는 티티카카호 주변에만 사는 종으로, 물속에 사는 개구리로서는 큰 부류에 속한다. 매우 차가운 티티카카호의 바닥에서 살고 있는 희귀종이다.

수영 최강  3위

거대한 몸으로 빠르게 헤엄치는 강의 사냥꾼
미시시피악어

Alligator mississippiensis / American alligator

땅 위보다
물속에서
더 빠른 악어!

총점 20점

수영 / 지구력 / 공격력 / 방어력 / 스피드

생물 정보

분류	앨리게이터과
먹이	소형 포유류, 곤충, 물고기, 새우나 게 등
서식지	강, 호수, 늪
특징	단단한 비늘로 덮인 몸, 굵은 꼬리와 강인한 턱이 있다.
전체 길이	300~600cm
분포 지역	미국 동남부

수컷의 전체 길이는 평균 300~450cm 정도이다. 몸무게는 450kg이나 나간다. 막 부화했을 때의 새끼는 불과 20cm 정도이다. 추운 지방에서는 겨울잠을 자기도 한다.

최강 필살기

거대한 몸집 탓에 땅 위에서의 움직임은 둔하지만, 수영 실력이 뛰어나서 물속에서는 빠르게 움직인다. 먹잇감에게 빠르게 다가가 넓고 큰 입으로 물어뜯는 강의 사냥꾼이다.

미국 동남부의 하천, 호수, 늪이나 습지 등에 서식한다. 미시시피강 유역의 습지대에 많이 살기 때문에 '미시시피악어'라고 부른다. 서식지의 *먹이 사슬 꼭대기에 있는 *포식 생물로 주로 물고기, 거북이나 소형 포유류를 먹으며 사람을 덮치기도 한다.

***먹이 사슬**: 생태계에서 먹이를 중심으로 이어진 생물 간의 관계.
***포식 생물**: 살아 있는 다른 생물을 잡아먹고 사는 생물.

수영 최강

2위

태평양도 횡단하는 수영 실력

바다뱀

Pelamis platura / Pelagic sea snake

살무사의 독보다 300배 강한 독!

총점 21점

 생물 정보

분류	코브라과	**분포 지역**	인도양과 태평양
먹이	어류		
서식지	해양(넓고 큰 바다)		
특징	바다에서 표류하며 생활한다.		
전체 길이	50~120cm		

바다뱀 중에서는 드물게 해양에서 사는 생물이다. 표류하다가 다가오는 작은 물고기를 주로 잡아먹는다. 코브라과의 일종으로 독을 지니고 있다.

최강 필살기

일생을 바다에서 사는 바다뱀은 바다를 표류하며 생활한다. 놀라운 점은 바다뱀의 이동 거리가 매우 길다는 것이다. 몇 천 킬로미터나 이동할 수 있고 태평양을 횡단하기도 한다. 3시간 30분 정도 호흡을 멈추고 물속에 머무를 수도 있다.

바다뱀은 수영을 잘할 뿐 아니라 코브라과인 만큼 독을 지니고 있다. 독니가 작기 때문에 한 번 물렸을 때 뿜는 독의 양은 적다. 하지만 독성이 살무사의 300배 정도이기 때문에 주의해야 한다. *계절풍의 영향으로 이따금 동해의 해안가로 올라오기도 한다.

*계절풍 : 계절에 따라 주기적으로 일정한 방향으로 부는 바람.

수영 최강

튼튼한 지느러미로 해양을 누비는 바다의 왕자

푸른바다거북

Chelonia mydas / Green turtle

전 세계 바다를
누비는 수영 실력!

총점 **23** 점

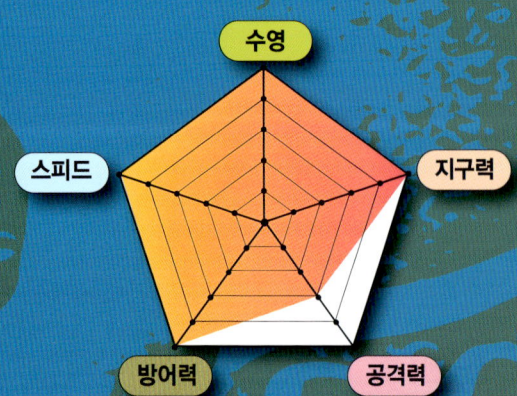

생물 정보

분류	바다거북과
먹이	해조류, 해초, 해파리 등
서식지	온대·열대 바다
특징	오랫동안 바다를 헤엄쳐 다니며 해양 생활에 적응했다.
등딱지 길이	80~100cm

분포 지역: 태평양, 대서양, 인도양의 열대·온대 바다

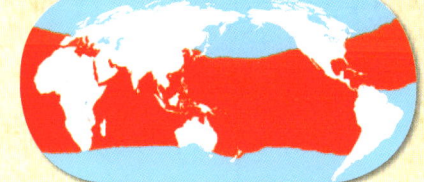

바다거북 중에서도 큰 부류이며, 가장 큰 개체는 몸무게가 320kg 정도나 된다. 대부분의 바다거북은 육식을 하지만 푸른바다거북은 주로 해초, 해조류 등을 먹는 초식성이다.

최강 필살기

푸른바다거북은 전 세계 바다를 오랜 기간 헤엄쳐 다닌다. 산란할 때 이외에는 거의 육지에 오르지 않는다. 바닷속 생활에 적응하면서 매우 거대한 몸으로 성장한다. 여기서는 푸른바다거북이 바다거북을 대표하여 <수영 최강 랭킹> 1위 자리를 차지했다.

대부분의 바다거북과 마찬가지로 푸른바다거북도 평소 서식하는 장소와 알을 낳는 번식 장소가 다르다. 산란이 다가오면 서식하던 바다를 떠나 자신이 태어난 곳을 향해 이동한다. 그 거리는 놀라울 정도로 긴 거리라고 한다.

무시무시한 사냥꾼, 악어

열대와 아열대 지역의 물가에 살며 *사족 보행을 하는 파충류이다. 육식을 하며 매우 강한 턱을 지니고 있다. 몸은 튼튼한 가죽으로 덮여 있고 길고 평평한 꼬리가 특징이다. 악어는 공룡이나 새와 가까운 종으로 추정된다.

*사족 보행 : 동물이 네 다리로 걷는 일.

특징

눈과 코
육지와 물속 양쪽에서 생활이 가능하지만, 폐호흡을 하기 때문에 눈과 코를 수면 위로 내밀어서 숨을 쉰다.

귀
눈 뒤의 공간에 고막이 있는데 물속에서는 고막이 닫힌다. 청력은 파충류 중에서 좋은 편이다.

입
이빨이 빠져도 밑에서 계속 새로운 이가 나온다. 피부가 두꺼운 탓에 체온이 잘 내려가지 않는다. 그래서 체온이 지나치게 상승했을 때는 입을 벌려서 열을 발산한다.

앞다리
앞발의 발가락은 5개이다.

● 악어의 다양한 얼굴 형태

크로커다일
입을 다문 상태에서 아래턱의 앞에서 4번째 이빨이 확실하게 보인다.

앨리게이터
입을 다문 상태에서 아래턱의 이빨은 가려져서 보이지 않는다.

카이만
앨리게이터과의 일종이지만, 다른 악어에 비해 작은 것이 특징이다.

가비알
입 끝이 가늘고 길다. 아래턱과 위턱에 유사한 모양의 이빨이 각각 50개 이상 나 있다.

피부
피부는 딱딱한 비늘로 덮여 있다. 변온 동물인 악어는 일광욕으로 체온을 높이는데, 두껍고 단단한 피부로 인해 체온이 한번 오르면 잘 내리지 않는다는 특징이 있다.

뒷다리
뒷발의 발가락은 4개이며 물갈퀴가 있다.

꼬리
길고 평평한 형태로 노처럼 물을 젓는 힘이 있다. 4개의 다리를 몸에 붙인 채로 꼬리를 양쪽으로 헤엄을 치며 앞으로 나아간다.

변신의 귀재, 카멜레온

카멜레온은 나무 위에서 생활하는 도마뱀류의 일종이다. 전 세계에 200여 종 정도가 확인되고 있으며 대부분이 마다가스카르섬과 아프리카 대륙에 산다. 일부는 유럽 남부와 남아시아에 분포한다. 따로 움직일 수 있는 두 눈, 색이 변하는 몸, 나무 위에서 몸을 지탱하기에 적합한 다리와 꼬리가 특징이다.

특징

피부
주변이 밝거나 온도가 높으면 몸이 밝은색으로 변한다. 반대로 어둡거나 온도가 낮은 곳에서는 어두운색으로 변한다. 심지어 흥분하거나 활력이 없을 때에도 피부색이 변한다.

*목뿔뼈 : 아래턱뼈와 후두의 방패 연골 사이에 있는 말굽 모양의 뼈.

긴 혀로 먹이를 사냥한다

카멜레온은 평소에 혀를 *'목뿔뼈'라고 불리는 뼈 주변에 말아 넣고 있다. 그러다가 먹잇감을 발견하면 입을 벌려 초속 5m가 되는 빠르기로 혀를 내민다. 혀의 길이는 자신의 몸의 1.5배 정도이다. 혀끝은 점액이 묻어 있어 끈적끈적하다. 이 점액으로 먹잇감을 잡아 끌어당겨 그대로 입속으로 가져간다.

머리 뒷부분
종에 따라서는 머리 뒷부분의 왕관 모양이 눈에 띄게 발달한다.

뿔
종에 따라서 코끝 또는 양쪽 눈 위에 뿔이 있다.

눈
양쪽 눈을 따로따로 움직일 수 있다. 각각 다른 방향을 보면서 넓은 시야로 먹잇감과 적을 살핀다.

나무 위에서 지탱하는 몸
앞발과 뒷발 모두 발가락이 서로 다른 방향으로 각각 2개와 3개로 나 있다. 카멜레온은 이 발가락을 이용해 나뭇가지를 힘껏 잡는다. 가늘고 긴 꼬리로도 나뭇가지를 잡아 몸을 지탱한다.

● **앞발 발가락**

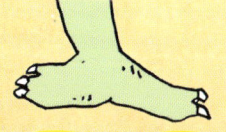

안쪽 　 바깥쪽
안쪽 (3개), 바깥쪽 (2개)

● **뒷발 발가락**

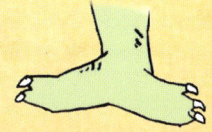

안쪽 　 바깥쪽
안쪽 (2개), 바깥쪽 (3개)

신기한 생물상식 4

알고 나면 더 재미있는
파충류와 양서류

FILE NUMBER _ 01

줄판비늘뱀

 Atractaspididae / Mole vipers

줄판비늘뱀은 위턱에 긴 엄니가 있으며 강한 독을 지니고 있다. 입을 다문 채로 엄니만 내어 먹잇감을 찔러 독을 주입한다. 머리를 잡으면 엄니가 손가락을 물 수 있으므로 주의해야 한다.
줄판비늘뱀의 일종은 현재 전 세계적으로 약 60여 종이 있는 것으로 확인되고 있다. 개체는 대부분 전체 길이가 50~70cm 정도이며 주로 평지의 땅속에서 산다.

잠수 최강 랭킹

누가 가장 오래 물속에서 잠수할 수 있을까?
최강 잠수 실력의 1위를 소개한다!

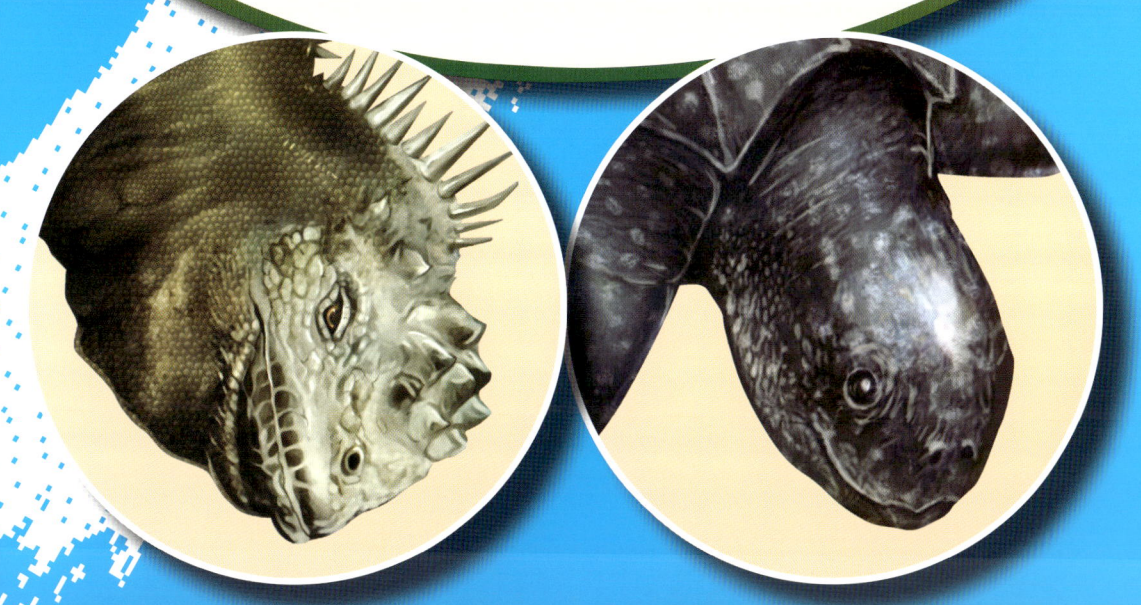

잠수 최강

5위

코에서 나오는 공기 방울이 산소 탱크!
워터아놀도마뱀

Anolis aquaticus / Water anole

최장 16분간 잠수!

총점 **15**점

생물 정보

분 류	아놀도마뱀과
먹 이	곤충 등
서식지	열대 우림의 물가
특 징	공기 방울을 이용해 오랜 시간 잠수한다.
전체 길이	12~18cm

분포 지역 코스타리카, 파나마

중남미 열대 우림의 물가에 산다. 적을 만나면 물속으로 피해 도망가고, 물속에 잠수한 채로 먹잇감을 찾는다.

최강 필살기

워터아놀도마뱀은 물속에 들어가면 코에서 공기 방울을 만들어 터지지 않게 유지하는 특수한 기술을 지니고 있다. 이 공기 방울은 잠수할 때 '산소 탱크'처럼 쓰여서 긴 시간 물속에서 버틸 수 있다. 워터아놀도마뱀은 공기 방울을 이용해 물속에 몸을 숨겨 적을 따돌린다.

워터아놀도마뱀은 한번 물에 잠수하면 거의 움직이지 않고 가만히 있는다. 길게는 16분간 물속에 있었다는 기록이 남아 있다. 공기 방울이 물속에서 폐로 공기를 내고 들이는 잠수용 '산소 탱크' 역할을 하는 것으로 추정하고 있다.

잠수 최강

4위

복슬복슬한 털로 잠수하는 개구리

아프리카숲청개구리

Trichobatrachus robustus / Hairy frog

총점 **18** 점

최고 3m의 점프 실력!

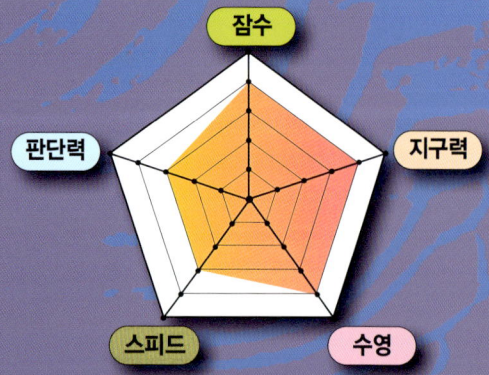

잠수 / 지구력 / 수영 / 스피드 / 판단력

생물 정보

분류	아르트롤렙티스과
먹이	곤충, 갑각류 등
서식지	시냇물이 흐르는 *원시림
특징	수컷은 옆구리와 넓적다리의 안쪽에 털이 난다.
몸길이	9.8~13cm(수컷의 경우)

분포 지역 나이지리아, 카메룬, 콩고, 적도 기니

암컷은 몸길이가 4~6.2cm 정도로 수컷보다 몸집이 작다. 번식을 할 때는 물속으로 들어간다. 수컷은 몸에 털이 났기 때문에 '털개구리'라고 부르기도 한다.

최강 필살기

아프리카숲청개구리의 가장 큰 특징은 '털개구리'라는 별칭의 유래이기도 한 털에 있다. 수컷에게만 털이 나지만, 이 털로 피부 호흡을 하여 물속 산소를 효율적으로 흡수한다. 이 털을 이용해서 긴 시간 동안 물속에서 잠수하며 있을 수 있는 것으로 추정된다.

아프리카숲청개구리는 암컷이 물속에서 알을 낳고 수컷은 암컷이 낳은 알을 지키는 습성이 있다. 물속에서 알을 지켜야 하는 수컷은 옆구리와 뒤쪽 넓적다리 안쪽에 털이 나 있다. 털이 난 것은 물속에서의 호흡을 돕기 위해 스스로 진화한 결과로 추정된다.

*원시림: 사람의 손이 가지 않은 자연 그대로의 숲.

잠수 최강

3위

물속에서 겨울을 나는 거북
일본돌거북
Mauremys japonica / Japanese pond turtle

물속에서 수개월을 지낼 수 있는 폐호흡!

총점 **19** 점

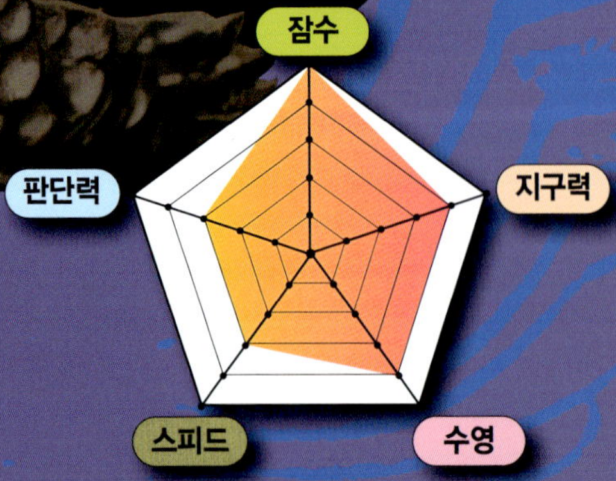

잠수 / 지구력 / 수영 / 스피드 / 판단력

생물 정보

분류	돌거북과
먹이	양서류, 물고기, 조개류, 곤충, 식물 등 잡식성.
서식지	강의 상류, 습지, 논
특징	등딱지의 뒷부분이 톱날 모양이다.
등딱지 길이	11~21cm

분포 지역 일본의 혼슈, 시코쿠, 규슈 지역

일본돌거북은 암컷이 수컷보다 크다. 새끼를 위 쪽에서 본 모습이 일본 *에도 시대의 돈 모양과 매우 비슷해서 일본에서는 '돈거북'이라고 부르기도 했다.

최강 필살기

일본돌거북은 겨울 동안은 줄곧 물속에서 생활한다. 폐호흡을 하는 파충류로 몇 개월 동안 계속 물속에서 지낼 수 있다. 잠수 실력이 뛰어나지만 잠수하는 동안에는 움직임이 둔해지는 것이 단점이다.

일본돌거북이 오래 잠수할 수 있는 이유는 목을 부풀리거나 움츠렸다 하며 식도로 물을 내보내고 들이면서 물속의 산소를 흡수할 수 있기 때문이다. 예전에 비해 서식지가 줄어들어 개체 수도 줄어들고 있다고 한다.

*에도 시대 : 에도 막부가 정권을 잡은 시기로 1603년~1867년까지의 시대.

잠수 최강

2위

뛰어난 헤엄 실력을 가진 이구아나

바다이구아나

Amblyrhynchus cristatus / Fernandina marine iguana

물속에서 20분을 버티는 잠수 능력!

총점 21점

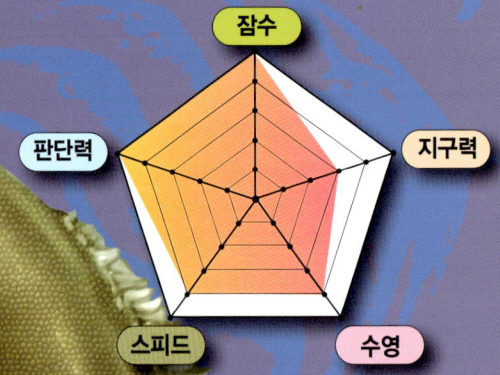

생물 정보

분 류	이구아나과
먹 이	해조류, 게 등
서식지	*암석 해안
특 징	바닷속에서 헤엄치며 해조류를 먹는다.
전체 길이	120~150cm

분포 지역 갈라파고스 제도

성격은 온순하며 초식성이다. 바닷속 바위 등에 있는 해조류를 짧고 둥근 코와 작고 날카로운 이빨로 비벼서 끊어 먹는다. 체온이 낮아지면 해안에서 일광욕을 한다.

최강 필살기

바다 생활에 적응한 바다이구아나는 수영 실력이 매우 뛰어나다. 바닷속에서는 마치 악어처럼 길고 평평한 꼬리를 이용해 교묘하게 헤엄친다. 바닷속 바위에 붙은 해조류를 무척 좋아하는 탓에 날카로운 발톱으로 바위에 찰싹 달라붙어 식사를 한다.

갈라파고스 제도에 사는 이구아나과 중에서 스스로 진화하여 바다 생활에 적응한 생물 종이다. 체온이 낮아지면 회색으로 변하는 피부는 태양광 흡수로 체온을 올리기 위해 진화한 것으로 보고 있다. 콧구멍에는 체내에 쌓인 염분을 배출하는 샘이 있다.

*암석 해안 : 노출된 바위가 암벽을 이루고 있는 해안.

잠수 최강

1위

수심 1200m까지 잠수하는 다이빙 왕자
👑 장수거북

Dermochelys coriacea / Leatherback sea turtle

총점 23점

최장 30분 이상 잠수!

 **생물 정보**

분류	장수거북과
먹이	해파리
서식지	온대·열대 바다
특징	수심 1200m까지 잠수한다.
등딱지 길이	120~190cm

분포 지역 태평양, 대서양, 인도양의 온대·열대 바다

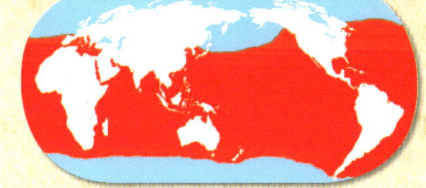

세계에서 몸집이 가장 큰 거북으로 몸무게가 900kg이 넘는다. 등딱지는 다른 바다거북에 비해 매끄럽고 연하여 고무 같은 느낌이다. 산란을 할 때는 육지로 올라온다.

최강 필살기

장수거북의 가장 큰 무기는 놀라운 잠수 실력이다. 수심 1200m까지 잠수했다는 기록이 있다. 잠수 시간도 길어서 최고 30분 이상 잠수할 수 있다. 장수거북이야말로 진정한 잠수 최강 왕이다.

장수거북은 현재 심각한 멸종 위기에 처한 생물 중 하나이다. 사람들의 개발 공사 등으로 알을 낳을 모래가 감소한 것도 멸종 위기에 영향을 미쳤다. 그물이나 낚싯줄에 걸리거나 플라스틱 쓰레기를 해파리로 착각해 먹었다가 목숨을 잃는 경우도 많다.

길고 긴 꼬리를 가진 이구아나

이구아나는 전 세계에서 1000여 종 이상이 확인되고 있다. 나무에 올라 생활하는 종도 많지만 사막에 사는 종이나 바다에서 사는 종도 있다. 모두 낮에 활동하며 수컷이 암컷에 비해 선명한 색을 띠는 경우를 종종 볼 수 있다.

특징

- 귀
- 눈
- 코
- 입
  작은 이빨이 나 있다. 대형 종은 대부분 식물을 먹지만 소형 종은 주로 곤충과 거미 등을 먹는다.
- 날카로운 발톱

꼬리
많은 종이 긴 꼬리를 갖고 있다. 도마뱀처럼 꼬리의 일부를 스스로 자르지만 새로운 꼬리가 다시 자란다.

갈기 형태의 비늘
수컷 중에는 갈기 모양의 비늘이 있는 이구아나도 있다.

● 바다와 육지에서 사는 이구아나

갈라파고스이구아나

바다이구아나

남미 갈라파고스 제도에 사는 파충류는 외부에 *천적이 많이 없는 환경 속에서 독자적으로 진화를 해 왔다. 바다에 살며 해조를 먹는 바다이구아나, 육지에 살면서 선인장을 먹는 갈라파고스이구아나 등이 있다. 원래는 동일한 종이었지만 사는 환경에 따라 서로 전혀 다른 생활 방식으로 진화했다.

날카로운 발톱

*천적: 특별히 어떤 생물을 주요한 먹이로 하여 살아가는 생물.

다양한 파충류와 양서류

지금까지 다양한 파충류와 양서류를 소개했지만
전 세계에는 아직 수많은 파충류와 양서류가 살고 있다.
여기서는 그 일부를 소개한다.

영원류

영원류는 전 세계에서 70여 종 정도가 확인되고 있다. 양서류지만 새끼 때만 수중 생활을 하는 개체도 있다. 반대로 새끼 때는 육지에서 살다가 성체가 되고 나서야 수중에서 생활하는 종도 있다.

일본얼룩배영원

도마뱀붙이류

사람이 사는 곳에도 모습을 보이는 파충류로, 전 세계에서 950여 종 이상이 확인된다. 나무 위에서 생활하는 종이 있고 땅 위에서 생활하는 종이 있다. 손가락 밑에는 빨판이 있고 가는 털이 나 있어서 벽과 유리창, 천장에 달라붙어 수직면에서도 이동할 수 있는 것이 특징이다.

도마뱀붙이

도롱뇽류

도롱뇽류는 세계에 약 60여 종이 있는데, 그중 32종이 일본에서 확인되고 있다. 주로 새끼일 때는 물속에서 살다가 변태 후에 성체가 되면 아가미가 없어지면서 땅에서 생활하는 양서류이다. 번식 시기에는 다시 물속에 들어간다.

불도롱뇽

무족도마뱀류

도마뱀의 일종이지만 마치 뱀처럼 발이 없는 종이다(발이 있는 종도 포함한다). 전 세계에서 100종 이상이 확인되고 있다. 겉으로는 뱀처럼 보여도 눈꺼풀이 움직이는 등 도마뱀의 특징을 지니고 있다.

유럽무족도마뱀

피파개구리류

원시적인 개구리로, 전 세계적으로 40종 정도가 확인되고 있다. 피파개구리는 물속에서 몸을 회전시켜 알을 낳고 암컷의 등에서 기른다. 부화한 새끼는 어미의 등에 있는 피부가 떨어져 나가면서 어미로부터 독립한다.

피파개구리

신기한 생물상식 5

알고 나면 더 재미있는
파충류와 양서류

FILE NUMBER _ 02

거들테일아르마딜로

 Ouroborus cataphractus / Armadillo girdled lizard

갑옷도마뱀과의 일종으로, 온몸이 단단한 비늘로 덮여 있다. 크기는 대체로 16~21cm 정도이며, 남아프리카 공화국 서부의 바위가 많은 황무지에서 살고 있다.

단단한 비늘로 철벽 같은 방어력을 자랑하지만, 유일한 약점은 부드러운 배이다. 적에게 공격을 당하면 자신의 꼬리를 물고 몸을 둥글게 말아 약점인 배를 숨긴다. 이렇게 하면 적은 포기하고 가 버린다.

스피드 최강 5위

빠르게 적을 따돌리는 사막의 도마뱀
구멍파기아가마

Phrynocephalus mystaceus / Secret toadhead agama

큰 입과 주름으로
적을 위협!

총점 14점

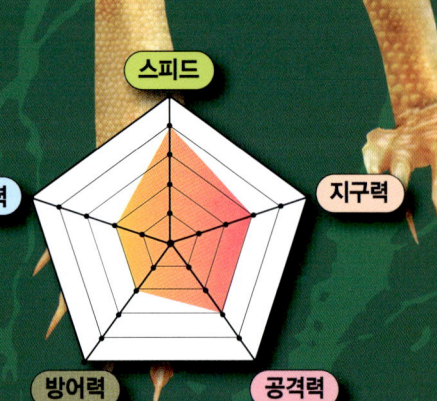

스피드 / 지구력 / 공격력 / 방어력 / 돌진력

분류	아가마과
먹이	곤충, 거미 등
서식지	사막
특징	입의 양옆에 있는 주름을 크게 벌려서 적을 위협한다.
전체 길이	11~25cm
분포 지역	중앙아시아

중앙아시아의 사막 지대에 서식하는 소형 아가마의 일종이다. 햇살이 강한 낮에는 구멍을 파서 몸을 숨긴다.

최강 필살기

구멍파기아가마는 사막에 구멍을 파서 보금자리를 만든다. 이 보금자리에서 멀리 가지 않으며 위험을 느끼면 빠른 속도로 숨는다.

구멍파기아가마의 특징이라면 무엇보다도 위협적인 포즈가 있다. 구멍파기아가마는 적을 만나면 입을 벌리며 위협하는데 이때 입 양옆의 주름도 펼쳐지면서 입이 4배나 크게 보인다. 큰 입으로 적을 위협한 뒤 적이 겁에 질리는 동안에 도망친다.

스피드 최강  4위

남미의 정글을 질주하는 정글의 러너!
숲경주도마뱀

 Ameiva ameiva / Striped ameiva

발의 빠르기가 단연 으뜸!

총점
16 점

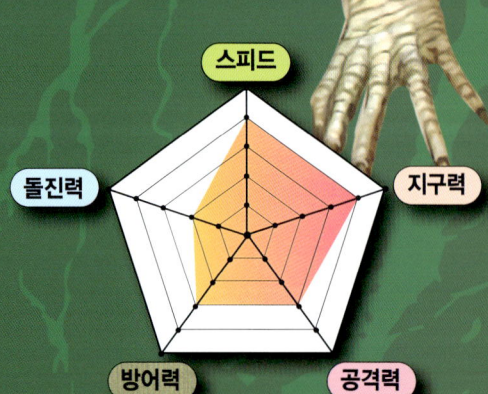

생물 정보

분 류	채찍꼬리도마뱀과	**분포 지역**	남아메리카 북동부
먹 이	곤충 등		
서식지	열대 우림		
특 징	낮 동안 활발하게 활동하며 움직임이 매우 빠르다.		
전체 길이	40~57cm		

등 중간에서부터 몸의 절반이 녹색을 띠고 땅 위에서 생활하는 도마뱀이다. 산란할 때 1~9개의 알을 낳는다.

최강 필살기

'정글 러너'라는 별명에서도 알 수 있듯이 숲경주도마뱀의 가장 큰 무기는 빠르게 움직이는 다리이다. 새와 같은 적을 발견하면 빠르게 숲으로 도망쳐 숨는다.

'정글 러너' 등 이외에도 여러 이름으로 불리는 숲경주도마뱀은 채찍꼬리도마뱀의 일종이다. 채찍꼬리도마뱀은 아메리카 대륙에서 발견되는 도마뱀류이다.
숲경주도마뱀은 뒷다리가 앞다리보다 길며 꼬리가 전체 길이의 반을 넘는다. 적을 만나면 꼬리를 스스로 자르고 도망치는데 꼬리는 다시 자란다.

스피드 최강 3위

두 다리로 빠르게 달리는 도마뱀
목도리도마뱀

Chlamydosaurus kingii / Frilled-necked lizard

공룡처럼 두 다리로 달리기!

총점 17점

분류	아가마과
먹이	곤충 등
서식지	열대·온대의 숲과 사바나의 삼림 지대
특징	목 주위에 있는 주름을 목도리 모양으로 펼쳐 위협한다.
전체 길이	60~90cm

분포 지역 호주 북구, 뉴기니 동남부

큰 성체의 경우 90cm, 몸무게는 500g 정도이다. 주로 나무에서 생활하지만 땅 위에서도 활동한다.

최강 필살기

이름의 유래가 되기도 한 목도리 모양의 주름도 대단하지만, 가장 강력한 무기는 바로 달리는 속도이다. 뒷다리만으로 벌떡 서서 좌우로 다리를 벌린 상태로 빠르게 내달린다.

두 다리로 달리는 목도리도마뱀의 모습은 텔레비전 방송이나 광고에 사용되어 사람들에게 큰 반응을 일으키기도 했다. 이름의 유래가 된 목도리 모양의 주름은 적을 위협하기 위해 사용한다. 밖에서 적을 만나면 입을 크게 벌리고 화려한 주름을 펼쳐 소리를 내며 위협한다.
땅속 둥지에 8~23개의 알을 낳으며 새끼는 태어나자마자 어미로부터 독립한다.

스피드 최강 2위

빠른 속도로 달리는 무서운 독뱀
블랙맘바

Dendroaspis polylepis / Black mamba

최고 속도가 무려 20km!

총점 19점

스피드 / 지구력 / 공격력 / 방어력 / 돌진력

생물 정보

분류	코브라과
먹이	소형 포유류나 조류 등
서식지	사바나, 바위산
특징	신경 독을 지녔으며 공격성이 높다.
전체 길이	200~350cm

분포 지역 동아프리카 ~ 아프리카 남부

강한 신경 독과 빠른 움직임으로 유명하다. 적에게 위협을 느끼면 몸의 3분의 1 정도 높이까지 머리를 들어 올려 코브라처럼 목 부위의 피부를 펼쳐 위협한다.

최강 필살기

독뱀 중에서도 몸집이 크고, 가장 빠른 뱀의 일종이라고 한다. 평균 속도가 시속 11km에 달할 정도로 빠르게 달린다. 그중에는 최고 시속 20km를 달렸다는 기록도 있다. 독성도 강하고 매우 공격적이다.

블랙맘바는 빠른 속도로 유명하지만, 독도 매우 위협적이다. *혈청이 없었을 때는 물리면 대부분 20분 내로 죽음에 이르렀다고 한다.
블랙맘바는 전 세계적으로도 가장 많은 사람의 목숨을 빼앗은 독뱀으로 공포의 대상이다. 새까만 입속이 이름의 유래가 되었다.

*혈청 : 파상풍, 디프테리아 등의 세균이나 뱀독에 감염되었을 때 해독할 수 있는 치료법.

스피드 최강 1위

악어 중 최고의 스피드 왕!
호주악어

Crocodylus johnstoni / Austrailian crocodile

시속 18km의 최강 스피드!

총점 **23** 점

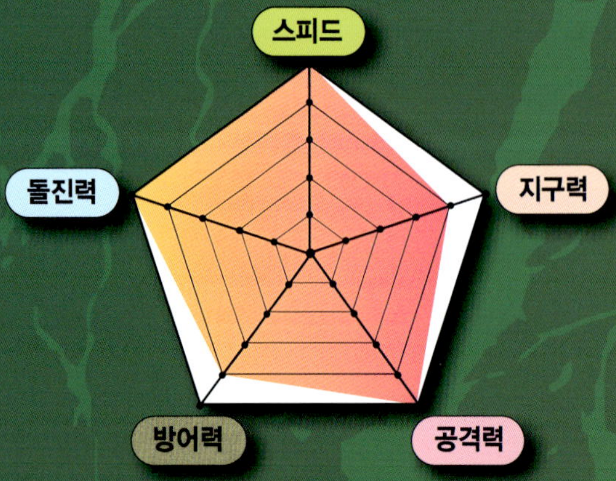

스피드 / 지구력 / 공격력 / 방어력 / 돌진력

생물 정보

분류	크로커다일과
먹이	물고기, 갑각류, 곤충, 소형 포유류
서식지	강과 호수 등 담수 주변
특징	거대한 몸으로 튀어 오르듯이 달린다.
전체 길이	200~300cm

분포 지역 호주 북부

크로커다일과의 일종으로 기후가 건조한 시기가 되면 물가 주변의 탁 트인 장소에 구멍을 파고 15~30개 정도의 알을 낳는다.

최강 필살기

최대 3m 정도의 길이지만 몸이 가벼워 악어임에도 땅 위에서 빠르게 달릴 수 있다. 악어 중에서 가장 빠르며, 튀어 오르듯 달리는 모습이 독특하다.

크로커다일과 악어 중에서도 입 끝이 가늘고 길어 가비알의 일종처럼 보이는 것이 특징이다. 호주의 *고유종 중 하나인 생물 종이다. 성격이 매우 활발하고 단거리를 빠르게 달린다. 두 다리로 걷는 듯한 동작을 하는 등 다양하게 행동한다.

*고유종 : 어느 한 지역에만 있는 특정한 생물의 종.

신기한 생물상식 6

알고 나면 더 재미있는 파충류와 양서류

FILE NUMBER _ 03

팬더카멜레온

 Furcifer pardalis / Panther chameleon

팬더카멜레온은 마다가스카르섬의 동북부나 인도양의 섬에 사는 카멜레온이다. 전체 길이는 35~52cm 정도로, 해안가를 따라 *구릉지의 삼림에 서식하고 있다. 수컷은 살고 있는 지역에 따라 몸의 색이 다르다. 파란색, 오렌지색, 분홍색 등 매우 다양하며 화려한 무늬를 띤다.

* **구릉지** : 산지와 평지의 중간 형태를 지닌 지형.

수면 달리기 최강

5위

빠르게 수면 위를 점프하는 개구리

인도선장개구리

Euphlyctis cyanophlyctis / Indian skipper frog

물수제비를 만드는 돌처럼 수면을 달리기!

총점 **16**점

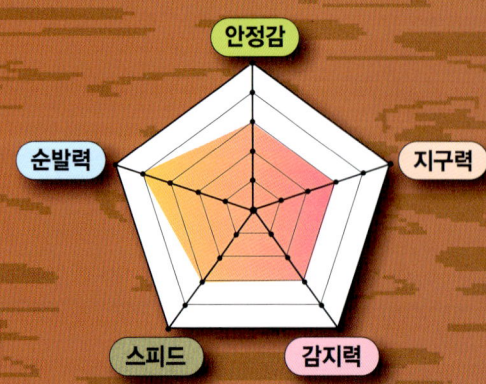

안정감 · 순발력 · 지구력 · 스피드 · 감지력

생물 정보

- **분류**: 개구릿과
- **먹이**: *중베짱이, 딱정벌레 등의 곤충
- **서식지**: 연못이나 습지대
- **특징**: 수면 위를 튀어 오르듯 이동한다.
- **전체 길이**: 4.5~6.5cm

분포 지역: 동남아시아~서아시아 일부 지역 (인도, 스리랑카, 파키스탄 등)

물 위로 눈과 코를 내밀고 조용히 지내며, 땅에 올라오는 일이 거의 없다.

최강 필살기

위험이 닥치면 물 위에 뜬 상태에서 물수제비를 뜨듯 돌처럼 튀어서 빠르게 도망간다. 물 위를 튀면서 도망갈 때에는 배 부분이 팽창되어 수면 위에 놓인 상태라고 한다.

뒷발에는 물갈퀴가 있으며 앞발은 물갈퀴가 없다. 인도선장개구리는 주로 물에 사는 생물이지만 밤에는 물에서 나와 주변의 수풀에서 먹이를 찾은 뒤 다시 물속으로 돌아간다.

*중베짱이: 여칫과의 곤충으로 베짱이와 비슷하며 한국, 대만, 일본 등지에 분포한다.

수면 달리기 최강 4위

강력한 독을 지닌 사냥꾼!
유혈목이
Rhabdophis tigrinus / Natrix tigrina lateralis

붉은색 무늬의 오싹한 독사!

총점 **18**점

- 안정감
- 순발력
- 지구력
- 스피드
- 감지력

생물 정보

분류	뱀과
먹이	개구리, 물고기, 도마뱀 등
서식지	평야, 산지의 물가 부근
특징	물 위를 미끄러지듯이 이동하며 독이 있다.
전체 길이	70~150cm

분포 지역 한국, 일본(혼슈, 시코쿠, 규슈 지역), 중국 동부, 타이완

한국에서 흔히 볼 수 있는 뱀이다. 낮은 산지나, 논, 강가에서 볼 수 있다. 가을에 짝짓기를 하면 이듬해 여름에 산란한다.

최강 필살기

물가 주변에 살며 물 위를 미끄러지듯이 이동한다. 독을 가지고 있어 어금니에 깊게 물리면 매우 위험하다. 목 부분 피부 밑에 독액을 분비하는 샘이 있는데, 방어용 독샘으로 추정된다.

꼬리 길이가 전체 길이에서 최대 4분의 1정도까지 이르는 개체도 있다. 몸의 빛깔은 지역에 따라 다르다. 몸 전체에 있는 무늬는 붉은색이며 목의 무늬는 노란색, 등에는 검은색 무늬가 있다.
유혈목이에 물리면 독이 상처로 들어가 몸 안에서 출혈이 일어나고 두통을 느끼거나 실신할 수 있다. 심하면 죽는 경우도 있으니 주의해야 한다.

수면 달리기 최강 3위

적과 마주치면 물 위를 달려 달아나는 도마뱀

필리핀세일핀도마뱀

Hydrosaurus pustulatus / Philippine sailfin lizard

수영 실력이 뛰어난 물가의 스피드 스타!

총점 20점

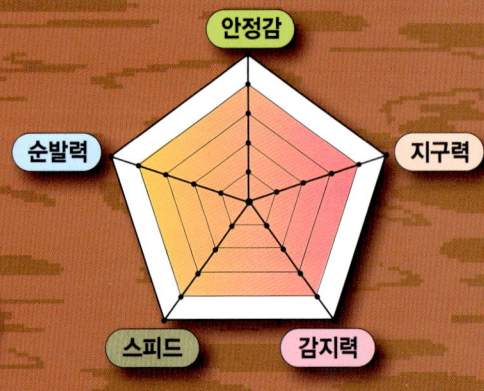

안정감 / 지구력 / 감지력 / 스피드 / 순발력

분류	아가마과
먹이	곤충, 꽃, 열매 등
서식지	열대 우림의 강가, *맹그로브 숲 등
특징	주로 나무 위에서 생활하며 헤엄을 잘 친다.
전체 길이	80~100cm

분포 지역 필리핀

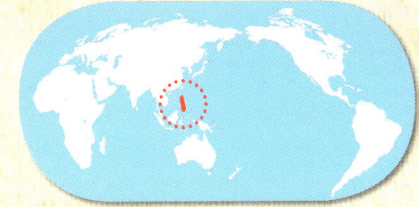

필리핀세일핀도마뱀은 성체의 경우 몸의 전체 길이가 최대 1m까지 클 수 있다.

최강 필살기

강가에 살며 위험을 느끼면 강으로 뛰어들어가 물속에 숨는다. 단거리 정도는 물 위를 달려 도망치며 헤엄도 잘 친다.

수컷은 나이가 들수록 보라색을 띠며 암컷보다 허리가 큰 편이다. 암컷은 수컷보다 덜 화려한 편이다. 필리핀세일핀도마뱀은 발끝이 납작해서 물을 가로질러 갈 수 있는 훌륭한 수영 실력을 가졌다.

***맹그로브 숲** : 아열대나 열대의 해변이나 하구의 습지에서 발달하는 숲.

수면 달리기 최강 2위

헤엄도 잠수도 뛰어난 물가의 파수꾼
👑 중국물도마뱀

Physignathus cocincinus / Chinese water dragon

물 위를 달리는 두 다리!

총점 23점

안정감 · 순발력 · 지구력 · 스피드 · 감지력

생물 정보

분류	아가마과
먹이	곤충, 작은 새, 열매 등
서식지	숲의 물가
특징	지상에서는 뒷다리로만 달리기도 한다.
전체 길이	60~90cm
분포 지역	중국 남부, 베트남, 태국

몸의 색은 선명한 녹색을 띠지만, 몸 상태에 따라 색이 변한다. 수명은 10~15년 정도이다.

최강 필살기

낮에는 물가의 나무에서 활동하다가 위험을 느끼면 물로 뛰어들거나 물 위를 달려 도망친다. 물속에서는 최대 90분 동안 잠수를 할 수 있다. 땅 위에서는 뒷다리로만 달리기도 한다.

성체 수컷은 일반적으로 암컷보다 머리가 더 크고 목, 꼬리 등에 더 큰 볏이 생긴다. 꼬리는 전체 길이의 절반 이상을 차지하는데 무기로 사용하거나 몸의 균형을 잡는 데 도움을 준다. 정수리 쪽에 '두정안'이 있어서 빛의 차이를 감지할 수 있다. 빛의 차이를 감지해서 해가 지면 몸을 숨길 곳을 찾고 조류 등의 공중 위협을 느낄 수 있어서 천적으로부터 도망친다. 또 머리 위의 빛의 양이 조금이라도 변하면 잠에서 깨어난다.

수면 달리기 최강 1위

단거리 수면 달리기 왕
바실리스크이구아나
Basiliscus plumifrons / Plumed basilisk

물 위를 4m 이상 달리기!

총점 24 점

능력치: 안정감, 지구력, 감지력, 스피드, 순발력

생물 정보

분류	이구아나과
먹이	곤충, 작은 새, 열매 등
서식지	숲의 물가
특징	뒷다리로 수면을 차면서 도망친다.
전체 길이	60~70cm

분포 지역 중앙아메리카 동남부

성체 수컷은 정수리에 2개의 볏이 있지만 암컷에는 없다. 물가 주변의 그늘진 곳을 좋아하며, 채찍처럼 긴 꼬리가 특징이다.

최강 필살기

보통은 나무 위에서 생활하지만, 위험을 느끼면 물로 점프한다. 상체를 일으켜 초속 1m 이상의 빠르기로 물 위를 뛰듯 달아난다. 뒷다리를 차면서 달리는데 물 위를 4m 이상 달릴 수 있다.

뒷다리의 발가락이 길고 술이 달려 있어 물속에서 펼쳐진다. 빠르게 움직여 물을 차면 술이 수면에 부딪히며 *부력을 일으켜 물속에 가라앉지 않고 나아갈 수 있다. 물 위를 달리는 특성을 예수가 물 위를 걸은 기적과 연관시켜 '예수그리스도도마뱀'이라고도 부른다.

*부력 : 물체가 물이나 공기 중에서 뜰 수 있게 해 주는 힘.

신기한 생물상식 7

알고 나면 더 재미있는 파충류와 양서류

FILE NUMBER _ 04

팬케이크거북

 Malacochersus tornieri / Pancake tortoise

아프리카 동부 지역에 서식하는 팬케이크거북은 그 이름대로 등딱지가 마치 '팬케이크'처럼 평평하고 얇다. 등딱지의 길이는 10~18cm 정도인데 바위틈에 아주 교묘하게 숨는다. 틈 속에서 몸을 부풀리거나 다리로 버티는 등 끌려 나오려 하지 않는다. 희귀한 육지 거북 종으로 현재 멸종 위기 종이다.

비행 최강 랭킹

하늘을 나는 파충류, 양서류가 있다고?
나무에서 나무로 날아가는 신기한 생물들!

비행 최강

5위

나무에서 나무로 비행하는 도마뱀붙이

날도마뱀붙이

Ptychozoon kuhli / Kuhl's flying gecko

60m 이상 비행!

총점 **16**점

비행 / 감지력 / 스피드 / 순발력 / 지구력

생물 정보

분 류	도마뱀붙이과
먹 이	곤충, 거미 등
서식지	열대 우림
특 징	전신에 있는 *비막으로 나무에서 점프하여 비행한다.
전체 길이	18~20cm

분포 지역 말레이반도, 수마트라섬, 자바섬, 보르네오섬

곤충을 주식으로 하며 적을 피하기 위한 위장술이 뛰어나다.

최강 필살기

날도마뱀만큼은 아니지만 위험을 감지하면 비막이 있는 몸을 이용하여 나무에서 점프해서 비행한다. 점프하면서 그대로 비행하여 도망칠 수 있다. 낙하하며 비행하는 특성 때문에 '낙하산도마뱀붙이'라고도 불린다.

날도마뱀붙이는 피부가 비행에 유리하도록 발달했다. 다른 도마뱀붙이류처럼 발바닥의 빨판에 있는 미세한 털에는 접착력이 있는데 거의 모든 물질의 표면에 달라붙을 수 있다. 또 다리와 옆구리, 머리 옆 부분에도 표면에 접착하기 위한 피부막이 늘어나 있다.

*비막 : 조류를 제외한 활공 또는 비행을 행하는 척추동물에서 주로 앞다리, 몸 쪽, 뒷다리에 걸쳐진 막.

비행 최강

4위

공중을 수평으로 나는 뱀!
황금나무뱀
Chrysopelea ornata / Golden tree snake

위험을 감지하면 재빨리 비행!

총점 18점

비행 / 감지력 / 스피드 / 순발력 / 지구력

생물 정보

분 류	뱀과
먹 이	개구리, 도마뱀 등
서식지	숲, 인가 주변
특 징	높은 나무를 좋아하며 위험을 감지하면 비행하며 도망친다.
전체 길이	100~130cm
분포 지역	인도, 스리랑카

일반적으로는 녹색이지만 인도에 사는 개체는 몸에 빨간색이나 주황색 무늬가 있다.

최강 필살기

황금나무뱀은 위험을 감지하면 몸의 가운데를 평평하게 만들고 비행하여 도망칠 수 있다. 공중에서 몸을 비틀어 방향을 바꾸기도 한다.

평평한 머리에 큰 눈을 갖고 있으며 몸의 색깔이 다양하다. 하늘을 나는 뱀 중에서 몸집이 큰 편인데 크기가 커서 다른 종류들보다 비행 실력이 떨어진다고 한다. 독성을 가지고 있다는 기록은 아직까지 없다.

비행 최강

3위

정교한 비행을 하는 뱀
파라다이스나무뱀
Chrysopelea paradisi / Paradise tree snake

**100m 이상 이동!
놀라운 비행 능력!**

총점 20점

- 비행
- 감지력
- 스피드
- 순발력
- 지구력

생물 정보

분류	뱀과
먹이	도마뱀, 개구리 등
서식지	숲
특징	나뭇가지 사이를 비행해서 이동한다.
전체 길이	100~120cm

분포 지역 동남아시아

태국, 캄보디아, 인도네시아 등에 살며 나무 위에서 생활한다.

최강 필살기

갈비뼈를 옆으로 벌려 배를 평평하게 만듦으로써 *공기 저항을 이용해 비행한다. 이때 서로 거리가 떨어져 있는 나뭇가지 사이를 날아서 이동한다. 먹잇감을 잡기 위해 독을 뿜기도 한다.

파라다이스나무뱀은 100m 떨어져 있는 나뭇가지 사이를 비행하여 이동한다. 비행하는 동안 몸은 움직이지만 머리는 안정적으로 유지할 수 있다. 습한 숲에서 발견되며 송곳니에 독이 있어서 도마뱀 같은 먹이를 잡아먹는다.

*공기 저항 : 공기 속에서 운동하는 물체가 공기로부터 받는 저항.

비행 최강

2위

붉은 날개를 펴고 비행하는 날도마뱀

수마트라날도마뱀

Draco sumatranus / Gliding lizard

마치 붉은 날개처럼 생긴 비막!

총점 **22** 점

- 비행
- 감지력
- 스피드
- 순발력
- 지구력

분류	아가마과
먹이	개미 등의 곤충
서식지	저지대 숲
특징	몸의 좌우에 있는 비막으로 비행한다.
전체 길이	15~20cm

분포 지역 말레이반도, 인도네시아, 필리핀

도시의 숲이나 공원에서 비교적 흔하게 볼 수 있다. 보통 나무에서 생활하지만 암컷은 산란할 때가 되면 나무에서 내려온다.

최강 필살기

앞다리에서 뒷다리에 걸쳐 있는 비막으로 비행한다. 수컷은 턱에 노란색 피부 덮개가 있는데, 영역에 침입한 다른 수컷을 쫓아내거나 구애할 때 펼친다.

천적으로부터 몸을 숨겨 위장하기 위해 몸에는 짙은 회색 또는 갈색의 줄무늬가 있다. 수컷은 턱 밑에 노란색 피부 덮개가 있으며 구부러진 주름으로 다른 도마뱀과 의사소통을 한다. 암컷은 턱에 수컷보다 훨씬 작은 피부 덮개가 있다.

비행 최강

1위

손가락을 부채처럼 펼치며 비행!
월리스날개구리
Rhacophorus nigropalmatus / Wallace's flying frog

15m 이상 비행하는 능력!

총점 **24** 점

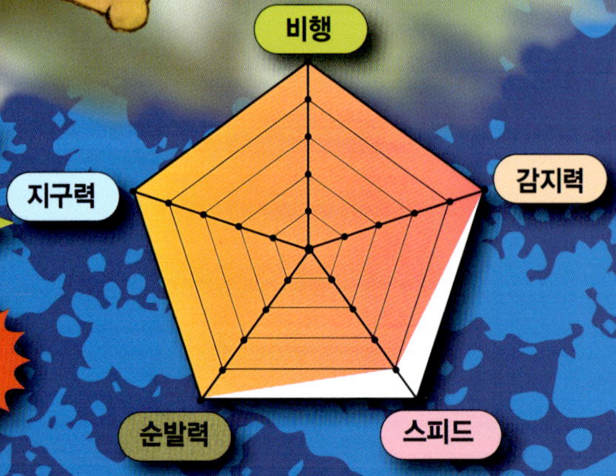

비행 / 감지력 / 스피드 / 순발력 / 지구력

생물 정보

분류	산청개구릿과
먹이	곤충, 거미 등
서식지	열대 우림의 물가 근처 또는 나무 위
특징	물갈퀴가 크게 발달했으며 팔다리에 비막이 있다.
몸길이	8~10cm

분포 지역: 태국 반도부~말레이반도, 수마트라섬, 보르네오섬

산청개구리류 중에서도 몸집이 큰 편이다. 물갈퀴도 크고 다리에도 비막이 있어 나무에서 나무로 날아서 이동한다.

최강 필살기

네 다리에 있는 커다란 물갈퀴와 비막으로 나무에서 나무로 날아서 이동한다. 5.4m 높이의 나무에서 7.3m나 비행했다는 기록도 있으며, 최대 15m 이상 비행할 수 있다고 한다.

열대 우림의 나무 위에 사는 개구리로, 땅으로는 좀처럼 내려오지 않는다. 위험을 감지하면 물갈퀴나 비막을 이용해 비행하여 도망친다. 그래서 나무에 오르는 뱀은 월리스날개구리의 천적이다. 비가 많이 오는 우기가 되면 웅덩이 근처 나무 위에 거품에 싸인 알을 낳는다.

신기한 생물상식 8

안타깝게 랭킹에서 떨어진 파충류와 양서류

여러 장점이 있지만 어떤 특징 때문에 앞의 랭킹에 오르지 못한 파충류와 양서류를 소개한다.

수면 달리기 편
아프리카황소개구리

Pyxicephalus adspersus / African bullfrog

아프리카에서는 식용으로도 쓰이는 대형 황소개구리이다. 큰 입이 특징인데 인간에게 달려들어 물기도 한다. 수면 위를 열심히 달리는 것처럼 보이지만, 사실 발로 물속 바닥을 차고 있기 때문에 〈수면 달리기 최강 랭킹〉에 들지 못했다.

독 편 일본산호뱀

Sinomicrurus japonicus / Japanese coral snake

코브라의 일종으로, 독니를 가지고 있다. 엄니 측면에 난 홈으로 독을 흘러 들어가게 한다. 하지만 엄니가 깊게 박히지 않으면 독이 효력을 발휘하지 못하고 입이 작아 잘 물지 못한다. 대신 뾰족한 꼬리 끝으로 위협한다. 이런 이유로 〈독 최강 랭킹〉에서 떨어졌다.

×물지 못한다!

무기 편 알뱀

Dasypeltis scabra / Egg-eating snake

알뱀은 아래턱이 특별한 뼈로 연결되어 있어 크게 입을 벌릴 수 있다. 자신의 머리 너비의 2~3배나 되는 알을 삼킬 수 있을 정도이다. 이런 입 큰 뱀에게 물리면 큰일이겠지만 사실 이빨이 없어 물려도 아프지 않다. 그래서 〈무기 최강 랭킹〉에 들지 못했다!

신기한 생물상식 9

알고 나면 더 재미있는 파충류와 양서류

FILE NUMBER_05

사막뿔도마뱀

 Phrynosoma platyrhinos / Desert horned lizard

캐나다 남부에서 과테말라에 걸친 사막에서 서식한다. 전체 길이는 8~13cm 정도이다.

사막뿔도마뱀의 가장 큰 특징은 마치 눈에서 빔을 쏘듯 피를 뿜는 것이다. 코요테 등 사막뿔도마뱀을 잡아먹는 천적의 공격을 받으면 마지막 수단으로 눈에서 뒤쪽 방향으로 힘껏 핏물을 쏜다. 적이 눈이나 얼굴에 피를 뒤집어쓰고 놀라는 사이 도망친다고 한다.

영광의 1위 생물

크기 최강 1위 — 아나콘다

무기 최강 1위 — 나일악어

독 최강 1위 — 내륙타이판

수영 최강 1위 — 푸른바다거북

잠수 최강 1위 — 장수거북

스피드 최강 1위 — 호주악어

수면 달리기 최강 1위 — 바실리스크이구아나

비행 최강 1위 — 월리스날개구리

찾아보기

이름	페이지
갈라파고스땅거북	16~17
골리앗개구리	14~15
구멍파기아가마	96~97
그물무늬비단뱀	34~35
나일악어	40~41
날도마뱀붙이	120~121
내륙타이판	56~57
늑대거북	36~37
돼지코강거북	64~65
목도리도마뱀	100~101
미시시피악어	68~69
바다뱀	70~71
바다이구아나	86~87
바실리스크이구아나	116~117
블랙맘바	102~103
뻐끔살무사	52~53
수마트라날도마뱀	126~127
숲경주도마뱀	98~99
아나콘다	22~23
아메리카독도마뱀	48~49

이름	페이지
아프리카숲청개구리	82~83
악어거북	38~39
워터아놀도마뱀	80~81
월리스날개구리	128~129
유혈목이	110~111
이구아나	32~33
인도선장개구리	108~109
인도악어	20~21
일본돌거북	84~85
장수거북	88~89
중국물도마뱀	114~115
코모도왕도마뱀	18~19
킹코브라	50~51
티티카카개구리	66~67
파라다이스나무뱀	124~125
푸른바다거북	72~73
필리핀세일핀도마뱀	112~113
호주악어	104~105
황금나무뱀	122~123
황금독화살개구리	54~55

랭킹왕 파일

크기 최강 랭킹

골리앗개구리
- 몸 길 이 : 17~34cm
- 서 식 지 : 열대 우림의 시냇물, 물가
- 필 살 기 : 놀라운 높이의 점프 실력
- 특   징 : 강력한 점프력과 최고의 식성을 자랑한다.

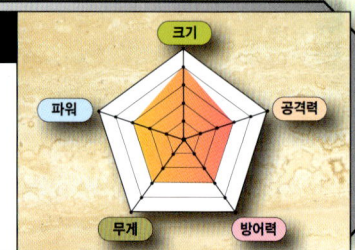

갈라파고스땅거북
- 등딱지 길이 : 90~135cm
- 서 식 지 : 날씨가 따뜻한 초원이나 숲
- 필 살 기 : 어떤 공격도 방어하는 커다랗고 단단한 등딱지
- 특   징 : 둥근 돔 모양의 큰 등딱지가 있으며 목이 길게 늘어난다.

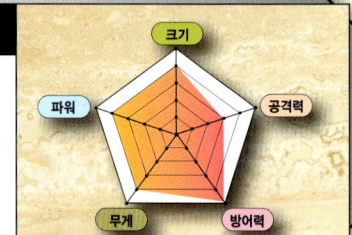

코모도왕도마뱀
- 전체 길이 : 250~310cm
- 서 식 지 : 건조한 숲과 초원
- 필 살 기 : 먹잇감의 내장을 단숨에 빼내는 이빨
- 특   징 : 강한 다리와 발톱으로 먹잇감을 잡아서 이빨로 물어뜯는다.

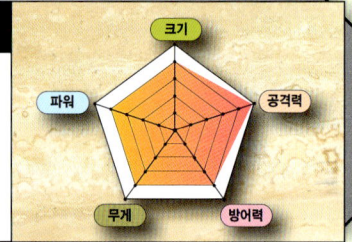

인도악어
- 전체 길이 : 300~610cm
- 서 식 지 : 강과 바다가 만나는 강어귀
- 필 살 기 : 커다랗고 무시무시한 입
- 특   징 : 거칠고 공격적이어서 사람을 공격하기도 한다.

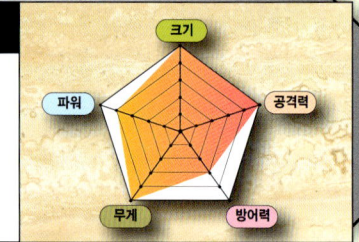

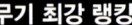

아나콘다
- 전체 길이 : 500~900cm
- 서 식 지 : 열대 우림의 물가
- 필 살 기 : 먹잇감을 질식시키는 긴 몸과 굵은 몸통
- 특   징 : 긴 몸으로 먹잇감을 휘감아 조여서 죽인다.

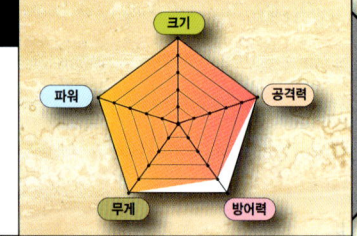

무기 최강 랭킹

이구아나
- 전체 길이 : 100~200cm
- 서 식 지 : 물가나 숲
- 필 살 기 : 예리하고 가는 무수한 이빨
- 특   징 : 긴 꼬리와 무수히 많은 가는 이빨이 있다.

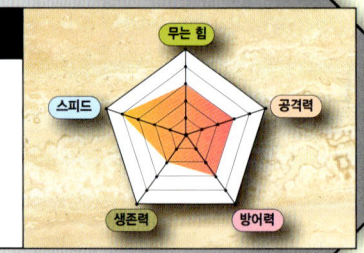

그물무늬비단뱀
- **전체 길이** 500~1000cm
- **서 식 지** 밀림, 인가, 경작지와 가까운 숲의 물가 등
- **필 살 기** 먹잇감의 심장이 멎도록 질식시키기
- **특   징** 세계에서 가장 긴 뱀으로 사람을 공격했다는 보고도 있다.

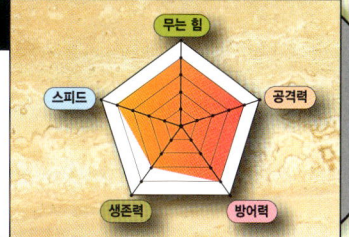

늑대거북
- **등딱지 길이** 35~49cm
- **서 식 지** 하천, 연못, 습지 등
- **필 살 기** 유연하면서도 재빠른 목
- **특   징** 매우 활발하고 공격적이다.

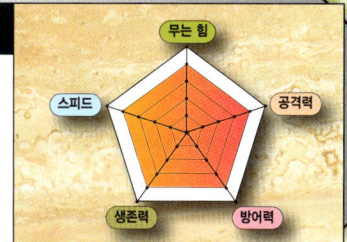

악어거북
- **등딱지 길이** 50~80cm
- **서 식 지** 비교적 수심이 깊은 강이나 호수, 연못 등
- **필 살 기** 무시무시한 힘을 가진 턱
- **특   징** 등딱지는 울퉁불퉁하고 딱딱하며 턱의 힘이 강하다.

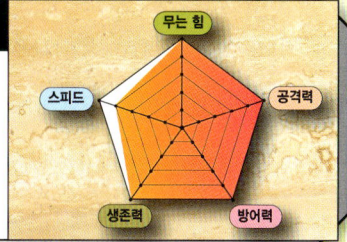

나일악어
- **전체 길이** 450~550cm
- **서 식 지** 강, 호수 또는 강 하구 등의 강어귀 주변
- **필 살 기** 지구상에서 가장 힘이 강한 턱
- **특   징** 눈이 녹색이며 때로는 무리지어 협력하며 사냥한다.

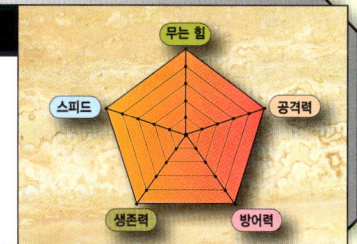

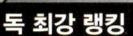

아메리카독도마뱀
- **전체 길이** 30~50cm
- **서 식 지** 사막이나 황무지, 건조한 초원 등
- **필 살 기** 독액이 들어 있는 독샘
- **특   징** 신경 독을 지니고 있어 물리면 심한 통증을 느낀다.

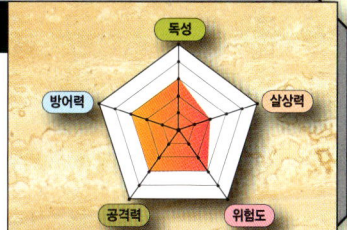

킹코브라
- **전체 길이** 300~550cm
- **서 식 지** 열대 우림이나 고온 다습한 평원
- **필 살 기** 코끼리 1마리를 죽일 수 있는 치사량
- **특   징** 코브라과 중에서도 가장 큰 크기를 자랑한다.

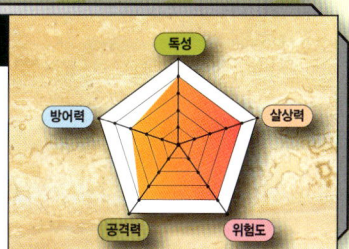

뻐끔살무사
- **전체 길이** 100~190cm
- **서 식 지** 열대 초원
- **필 살 기** 먹잇감을 유인하는 독특하게 움직이는 혀
- **특　　징** 공기를 들이마신 뒤 가스를 뿜는 듯한 큰 소리로 위협한다.

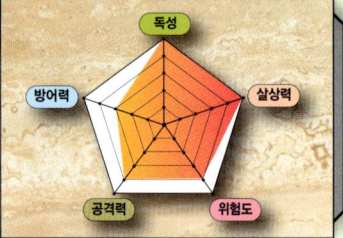

황금독화살개구리
- **몸　길　이** 3.7~4.7cm
- **서 식 지** 열대 우림
- **필 살 기** 전 세계에서 가장 강력한 독
- **특　　징** 독개구리 종류 중 독이 가장 강하다.

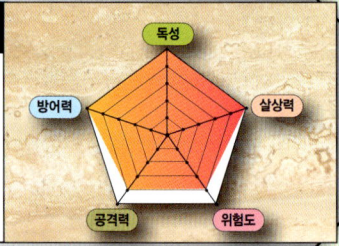

내륙타이판
- **전체 길이** 200~350cm
- **서 식 지** 낮은 지대의 건조한 평야
- **필 살 기** 신경계를 통해 빠르게 퍼지는 무시무시한 독
- **특　　징** 물리면 온몸을 마비시켜 호흡 곤란을 일으킬 정도로 독성이 강하다.

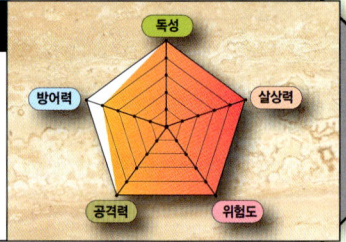

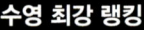
수영 최강 랭킹

돼지코강거북
- **등딱지 길이** 40~75cm
- **서 식 지** 물이 흐르는 속도가 느린 하천, 호수, 습지
- **필 살 기** 헤엄치기 위해 발달한 앞발과 뒷발의 물갈퀴
- **특징** 지느러미 형태의 앞발과 물갈퀴가 발달한 뒷발이 있다.

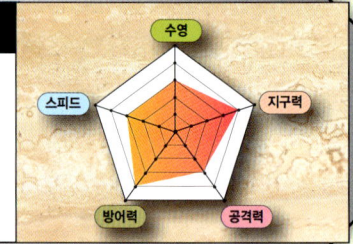

티티카카개구리
- **몸　길　이** 10~15cm
- **서 식 지** 고지대 호수
- **필 살 기** 물속에서 산소를 흡수하는 피부
- **특　　징** 피부로 호흡을 하며 대부분 물속에서 생활한다.

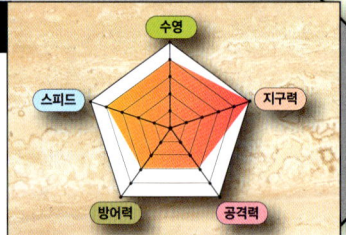

미시시피악어
- **전체 길이** 300~600cm
- **서 식 지** 강, 호수, 늪
- **필 살 기** 물속에서 빠르게 움직이는 수영 실력
- **특　　징** 단단한 비늘로 덮인 몸, 굵은 꼬리와 강인한 턱이 있다.

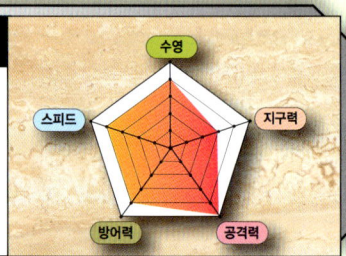

바다뱀

- **전체 길이** 50~120cm
- **서 식 지** 해양
- **필 살 기** 태평양을 횡단하는 수영 실력
- **특   징** 바다에서 표류하며 생활한다.

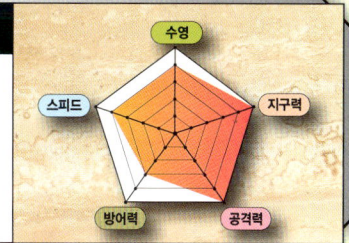

푸른바다거북

- **등딱지 길이** 80~100cm
- **서 식 지** 온대·열대 바다
- **필 살 기** 전 세계를 누비며 헤엄쳐 다니는 수영 실력
- **특   징** 오랫동안 바다를 헤엄쳐 다니며 해양 생활에 적응했다.

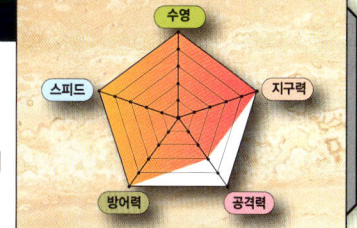

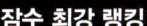

잠수 최강 랭킹

워터아놀도마뱀

- **전체 길이** 12~18cm
- **서 식 지** 열대 우림의 물가
- **필 살 기** 폐호흡을 위해 코에서 만드는 공기 방울
- **특   징** 공기 방울을 이용해 오랜 시간 잠수한다.

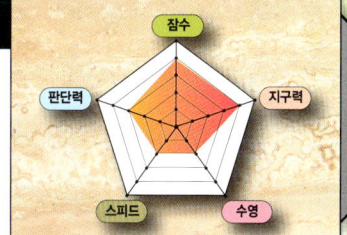

아프리카숲청개구리

- **몸 길 이** 9.8~13cm(수컷의 경우)
- **서 식 지** 시냇물이 흐르는 원시림
- **필 살 기** 물속 산소를 흡수하는 몸에 난 털
- **특   징** 수컷은 옆구리와 넓적다리의 안쪽에 털이 난다.

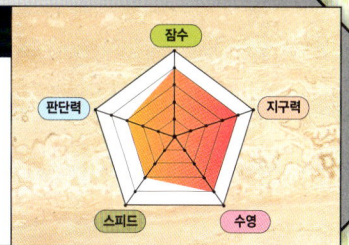

일본돌거북

- **등딱지 길이** 11~21cm
- **서 식 지** 강의 상류, 습지, 논
- **필 살 기** 물속에서 몇 달을 지낼 수 있는 폐호흡
- **특   징** 등딱지의 뒷부분이 톱날 모양이다.

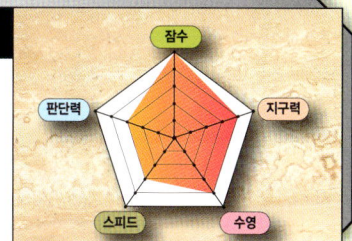

바다이구아나

- **전체 길이** 120~150cm
- **서 식 지** 암석 해안
- **필 살 기** 길고 평평한 꼬리를 이용한 수영 실력
- **특   징** 바닷속에서 헤엄치며 해조류를 먹는다.

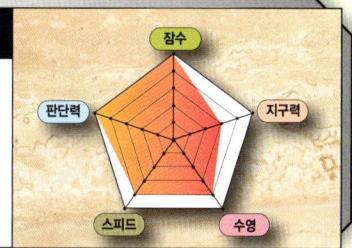

장수거북

- 등딱지 길이: 120~190cm
- 서 식 지: 온대·열대 해양
- 필 살 기: 깊은 바닷속까지 가능한 잠수 실력
- 특   징: 수심 1200m까지 잠수 한다.

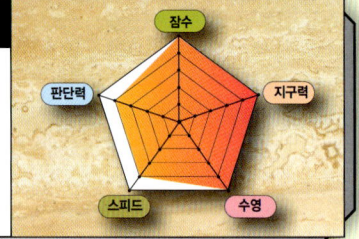

스피드 최강 랭킹

구멍파기아가마

- 전체 길이: 11~25cm
- 서 식 지: 사막
- 필 살 기: 땅에 구멍을 파서 빠르게 몸을 숨긴다.
- 특   징: 입의 양옆에 있는 주름을 크게 벌려서 적을 위협한다.

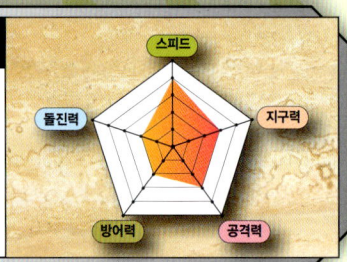

숲경주도마뱀

- 전체 길이: 40~57cm
- 서 식 지: 열대 우림
- 필 살 기: 빠르게 도망갈 수 있는 다리
- 특   징: 낮 동안 활발하게 활동하며 움직임이 매우 빠르다.

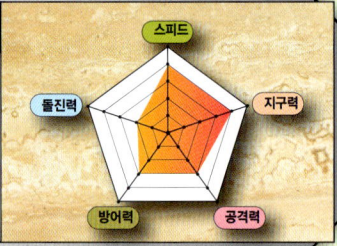

목도리도마뱀

- 전체 길이: 60~90cm
- 서 식 지: 열대·온대의 숲과 사바나의 삼림 지대
- 필 살 기: 매우 빠른 달리기 실력
- 특   징: 목 주위에 있는 주름을 목도리 모양으로 펼쳐 위협한다.

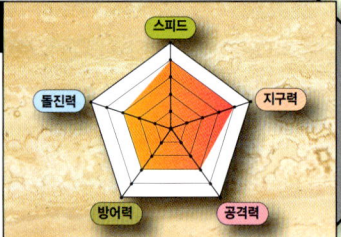

블랙맘바

- 전체 길이: 200~350cm
- 서 식 지: 사바나, 바위산
- 필 살 기: 평균 시속 11km에 달할 정도의 달리기 실력
- 특   징: 신경 독을 지녔으며 공격성이 높다.

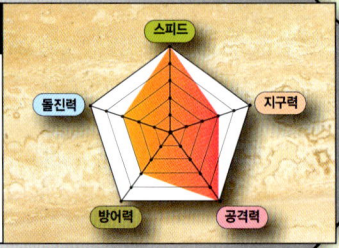

호주악어

- 전체 길이: 200~300cm
- 서 식 지: 강과 호수 등 담수 주변
- 필 살 기: 튀어 오르는 자세로 빠르게 달리기
- 특   징: 거대한 몸으로 튀어 오르듯이 달린다.

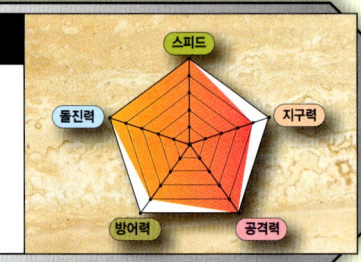

수면 달리기 최강 랭킹

인도선장개구리
- **전체길이** 4.5~6.5cm
- **서식지** 연못이나 습지대
- **필살기** 물수제비를 하듯 수면 위에서 달리기
- **특징** 수면 위를 튀어 오르듯 이동한다.

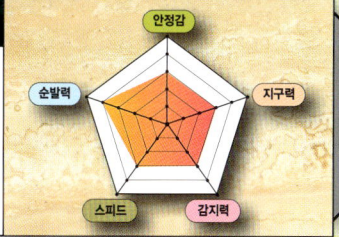

유혈목이
- **전체길이** 70~150cm
- **서식지** 평야, 산지의 물가 부근
- **필살기** 물 위를 미끄러지듯 달리기
- **특징** 물 위를 미끄러지듯이 이동하며 독이 있다.

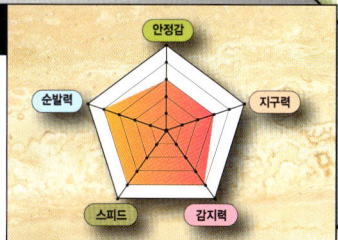

필리핀세일핀도마뱀
- **전체길이** 80~100cm
- **서식지** 열대 우림의 강가, 맹그로브 숲 등
- **필살기** 물 위를 가로지르며 달리기
- **특징** 주로 나무 위에서 생활하며 헤엄을 잘 친다.

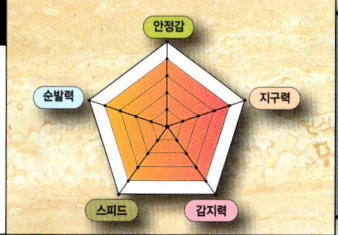

중국물도마뱀
- **전체길이** 60~90cm
- **서식지** 숲의 물가
- **필살기** 수면 위를 빠르게 달리기
- **특징** 지상에서는 뒷다리로만 달리기도 한다.

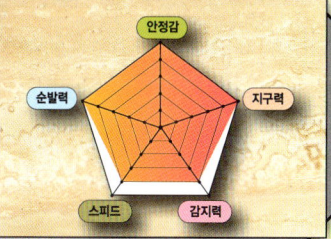

① 바실리스크이구아나
- **전체길이** 60~70cm
- **서식지** 숲의 물가
- **필살기** 뒷다리의 발가락으로 수면을 차면서 달리기
- **특징** 뒷다리로 수면을 차면서 도망친다.

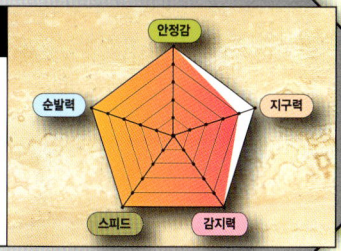

비행 최강 랭킹

날도마뱀붙이
- **전체길이** 18~20cm
- **서식지** 열대 우림
- **필살기** 비막을 이용한 비행 실력
- **특징** 전신에 있는 비막으로 나무에서 점프하며 비행한다.

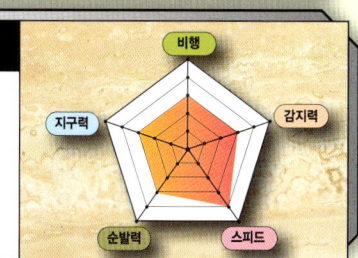

141

황금나무뱀
- **전체길이** 100~130cm
- **서 식 지** 숲, 인가 주변
- **필 살 기** 동체를 평평하게 만들어 나는 비행 실력
- **특 징** 높은 나무를 좋아하며 위험을 감지하면 비행하여 도망친다.

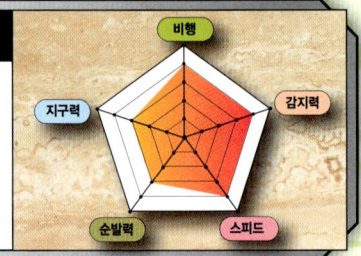

파라다이스나무뱀
- **전체길이** 100~120cm
- **서 식 지** 숲
- **필 살 기** 공기 저항을 이용한 비행 실력
- **특 징** 나뭇가지 사이를 비행해서 이동한다.

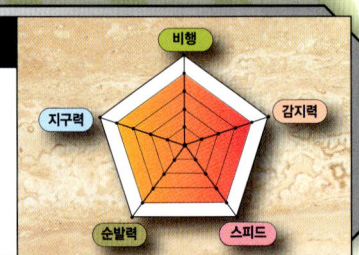

수마트라날도마뱀
- **전체길이** 15~20cm
- **서 식 지** 저지대 숲
- **필 살 기** 앞다리에서 뒷다리에 걸쳐 있는 비막을 이용한 비행 실력
- **특 징** 몸의 좌우에 있는 비막으로 비행한다.

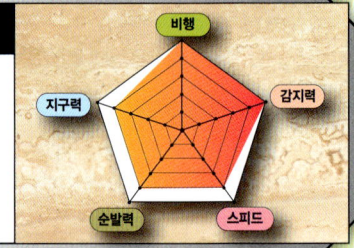

월리스날개구리
- **몸 길 이** 8~10cm
- **서 식 지** 열대 우림의 물가 근처 또는 나무 위
- **필 살 기** 최대 15m 이상 날아가는 비행 실력
- **특 징** 물갈퀴가 크게 발달했으며 팔다리에 비막이 있다.

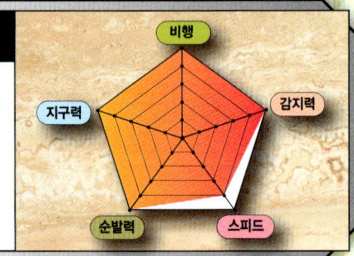

加藤英明博士の
「は虫類&両生類」最強キング大図鑑
KATO HIDEAKI HAKASE NO HACHUURUI &
RYOUSEIRUI SAIKYOU KING ZUKAN
by Kato Hideaki

Copyright © 2019 by Takarajimasha, Inc., Tokyo

Original Japanese edition published by Takarajimasha, Inc., Tokyo
Korean translation rights arranged with Takarajimasha,Inc., Tokyo
through Shinwon Agency Co., Seoul
Korean translation rights © 2019 by Seoul Cultural Publishers, Inc.

이 책의 한국어 저작권은 신원에이전시를 통해 저작권사와의
독점 계약한 (주)서울문화사에 있습니다.
저작권법에 의하여 한국 내에서 보호를 받는 저작물이므로
무단전재와 무단복재를 금합니다.

1판 1쇄 인쇄 | 2019년 11월 15일
1판 1쇄 발행 | 2019년 11월 26일
편저 | 가토 히데아키 **번역** | 이진원

발행인 | 신상철 **편집인** | 최원영
편집장 | 최영미 **편집자** | 강별, 한나래
표지 및 본문 디자인 | 박수진
출판 마케팅 | 홍성현, 이동남
제작 | 이수행, 주진만 · **발행처** | 서울문화사
등록일 | 1988년 2월 16일 · **등록번호** | 제2-484
주소 | 04376 서울특별시 용산구 새창로 221-19
전화 | 02)791-0754(판매) 02)799-9375(편집)
팩스 | 02)790-5922(판매) · **출력** | 덕일인쇄사 · **인쇄** | 에스엠그린

* 이 도서에는 데브시스터즈에서 제작한 쿠키런 글꼴이 적용되어 있습니다.

ISBN 979-11-6438-153-1 74490
978-89-263-8008-6 (세트)

● 사진 출처 ⓒGettyimagesbank
●이 책은 저작권법에 따라 보호를 받는 저작물이므로
저작권자와 출판사의 허락 없이 이 책의 내용을
복제하거나 다른 용도로 쓸 수 없습니다.
●책값은 뒤표지에 있습니다. 잘못된 책은 바꾸어 드립니다.

국내 No.1

**13년 연속 베스트셀러!
650만부 돌파!**

4단계 시스템
- **1단계** 기본편(1-30권)
- **2단계** 심화편(31-45권)
- **3단계** 창의편(46-60권)
- **4단계** 종합편(61-80권)

코믹 메이플스토리
지식·능력·경험을 융합하여 정리하는 NO.1 수학학습만화
수학도둑 73
국내 최초 수학 논술만화
종합편

홀수달 20일 출간

값 10,500원

©2003 NEXON Korea Corporation All Rights Reserved.

홀수달 25일 출간

쿠키들의 신나는 세계여행
쿠키런 어드벤처 36
델리 인도 India

만화와 사진으로 배우는 세계 문화 상식!

인도로 출발!!

소년 조선일보
소년 한국일보 **선정**
좋은 어린이책

글로벌 리더를 위한 **필독서!**

값 10,500원

©Devsisters Corp.

서울문화사 구입 문의 (02)791-0754 (출판마케팅)